ARTURO MEJÍA NIETO

MORAZÁN

PRESIDENTE DE LA DESAPARECIDA REPÚBLICA CENTROAMERICANA

ERANDIQUE

COLECCIÓN

MORAZÁN: PRESIDENTE DE LA DESAPARECIDA REPÚBLICA CENTROAMERICANA
Arturo Mejía Nieto

©Colección Erandique
Supervisión Editorial: Óscar Flores López
Diseño de portada: Andrea Rodríguez—Mariana Turcios
Administración: Tesla Rodas—Jessica Cordero
Director Ejecutivo: José Azcona Bocock
Primera Edición
Tegucigalpa, Honduras—Junio 2025

ARTURO MEJÍA NIETO

MORAZÁN

PRESIDENTE
DE LA DESAPARECIDA REPÚBLICA
CENTROAMERICANA

NOVA

LOS HOMBRES REPRESENTATIVOS

Portada del libro facilitado por José Morán (el original es a colores).

EN UNA LIBRERÍA ANTIGUA DE PORTUGAL

Hace tres años, en el mes de marzo, José Morán caminaba por la Rua das Flores n.º 28, 4050-262, cerca del río Luis I, en la ciudad de Porto, Portugal, cuando vio en la vitrina de la librería Pedro Chaminé una palabra que atrajo su atención: Morazán.

Se acercó, y allí, entre otros libros, estaba **Morazán: presidente de la desaparecida República Centroamericana**, del escritor hondureño Arturo Mejía Nieto.

Era la edición de Nova, publicada en Buenos Aires, Argentina, en 1947.

Sin pensarlo, entró en aquel pequeño paraíso de obras antiguas y lo compró por diez euros… poco menos de trescientos lempiras.

Aquella tarde, José (que se graduó en el Liceo Franco Hondureño de Tegucigalpa) vivió el sueño de todo coleccionista de libros.

"Fue una sorpresa ver el libro… y desde entonces lo he guardado como una joya", cuenta José.

José —con un doctorado en Física y Economía por la École Polytechnique[1]— me trajo el libro a Tegucigalpa hace unas semanas.

Gracias a él y a su papá (el ingeniero José Morán), Morazán: presidente de la desaparecida República Centroamericana podrá ser publicado nuevamente.

De esa forma, una nueva generación de lectores hondureños tendrá acceso al libro.

Es una bonita historia llena de coincidencias.

En nombre de Colección Erandique, agradezco a los Morán (padre e hijo) por el detalle de prestarnos este raro ejemplar.

Así es como se preserva y divulga la historia de Honduras: sumando entre todos los que amamos al país y queremos conservar su memoria y entregarla a las nuevas generaciones.

---

[1] La École Polytechnique es una de las instituciones más prestigiosas de Francia, clasificada como una "Grande École", un tipo de institución de educación superior distinta y paralela al sistema universitario tradicional francés.

No es "escondiendo" un ejemplar antiguo de manera egoísta que daremos a conocer la historia de Honduras… ¿Cuál es el sentido? ¿De qué sirve tenerlo en un estante, acompañado por el polvo y la soledad, sin que nadie lo lea?

UN ESCRITOR MORAZANISTA

Como se sabe, Arturo Mejía Nieto publicó su obra en Buenos Aires, ciudad a la que llegó como cónsul hondureño; allí viviría hasta su muerte, el 19 de marzo de 1972.

De su obra, Colección Erandique ha publicado El Tunco y Sesenta cuentos en el fondo de unos zapatos viejos (selección de sus mejores relatos).

Grandes intelectuales, como Víctor Cáceres Lara, han alabado la a Arturo Mejía Nieto.

"Mejía Nieto y Arturo Martínez Galindo son los grandes renovadores del cuento en Honduras, al romper con el criollismo que predominaba en la narrativa a principios del siglo XX", señala Cáceres Lara.

Cuentan que Carmen Lyra, la destacada escritora costarricense, mostró poco interés en la obra de Mejía Nieto, Relatos nativos, debido a su modesta presentación.

Sin embargo, al recibir desde Buenos Aires el libro Zapatos viejos, escribió una nota crítica significativa sobre sus narraciones, reconociendo su alto valor literario.

Para Livio Ramírez, Premio Nacional de Literatura "Ramón Rosa" 2000, "Arturo Mejía Nieto ocupa un lugar de primera importancia en el pensamiento y la literatura hondureña del siglo XX, aunque su obra es poco conocida por las generaciones actuales".

En este libro —que salta del ensayo a la novela histórica, y al que agregamos Las Memorias del general—, Mejía Nieto deja constancia de su admiración por Francisco Morazán.

Morazán: presidente de la desaparecida República Centroamericana le hace un guiño al lector… así como aquel con el que llamó la atención de José Morán en una tarde de marzo de 2022.

ÓSCAR FLORES LÓPEZ
Colección Erandique

MANERA DE PRÓLOGO

El caso es corriente y para muestra basta un botón: sin traerlo de los cabellos, pues se me aparece de perilla, recuerdo en este momento una charla con mi ilustre amigo Ricardo Rojas, quien me contaba hace unos años lo acaecido con la celebración del Centenario de Hostos —¡ya ahora saben ustedes quién era Hostos!—, ya que le pidieron de encargo que su pluma pergeñara unas cuartillas; les dijo sin vergüenza ni titubeos a los hombres de la Comisión Organizadora de tales faustos allá en Puerto Rico, algo que en boca suya quería decir —más otros fueron sus giros—: la gente aquí nada sabe de Hostos, no tenemos documentación suficiente acerca de hombre tan subido de rango entre la prole americana. Y Rojas estaba en lo cierto. Empero su Centenario resultó un acontecimiento en todo el continente: la curiosidad asaltó las mentes y, de uno a otro dato, acabó en que quien más, quien menos, todo el mundo supo que Hostos había existido como que dos y dos son cuatro ¡y caray! había sido grande —¡"en deveras"!—, pudo decirse en lengua cariñosamente emocionada de localismo.

Hoy también yo, que aprendiendo más de su vida lo ensalcé en La Nación de Buenos Aires, sé como ustedes algo más acerca de Hostos, cuya culpa radicaba en la pequeñez geográfica de su patria, tanta que no cuadraba a la grandeza inconmensurable de su alma y su genio. Entré a saco en su obra, averigüé su afán de irse de pueblo en pueblo, su modestia, su sobriedad expresiva en tierra de gente retórica y de época ajena y ayuna de saber.

Pues bien, una pregunta formulo aquí para ustedes antes de entrar en la materia del tema; es ésta: ¿Qué dirían los argentinos si afuera gente universitaria y culta, gente docta y sabihonda respondiera a sus pares de la Argentina: "aquí, lejos de vuestro país, nuestro pueblo poco sabe de San Martín, escaso material existe entre nosotros para documentarnos y averiguar quién fue ese ilustre hijo del Plata"? ¿Eh? Estoy seguro que no haría gracia al amor propio y al patriotismo de la gente que vive en este país maravilloso y tan favorito de Dios como ignorado del diablo, es decir, poco deseado por Satanás, ya que es lugar que no ha visto. No haría gracia ¡y se estaría en lo justo! pues tan grande fue San Martín que posiblemente sería a él solo a quien no le molestara tan crasa ignorancia y antes bien le confundiera la sorpresa de que hoy día no está permitido en cualquier rincón americano ignorar la vida virtuosa, ascética y desprendida de quien sólo tiene parecido en el de menor ajetreo que llevan los apóstoles...

Y va de cuento en nuestro asunto, mas antes atemos cabos con lo dicho: para Centroamérica —¡oídlo bien!— un tal Francisco Morazán es como Hostos el pensador, o San Martín el Emancipador. De ambos tuvo, pero contra él se ensañó la pequeñez de su patria, menos visible que todas. Así se explica, lector, que sin rubores tengamos que compartir con más de cien años de estar bajo la tierra una noticia: que habiendo sido tan grande, fue menester su centenario para que compartiéramos el recuerdo de su vida y su obra. ¡Y tengamos noticia de cosas tan dignas de estar hace tiempo sabidas!

Papel disponible en esta planilla, tiempo y magín nos hace falta para dibujar su semblante con todas sus facciones perfectas, ya morales, ya intelectuales, ya hidalgas y proféticas, que todo fue —¡y sin embargo, ya lo dije!— nada sabías. Pero vamos por partes:

No fue el libertador a la usanza de Bolívar y San Martín; aquella colonia americana no lo tuvo: él habría sido de tenerlo. No fue eso: fue en cambio la historia encarnada de la antigua Federación Centroamericana. Con él, allá por 1824 a 1840, nació y murió ese país, esa legendaria República que no existe más. Es decir, vive y palpita como una vida enterrada, hecha ideal, en el corazón de los hombres nacidos en el istmo centroamericano. La Federación se trocó en cinco pétalos de la pobre corola desgajada que cultivó este jardinero: Guatemala, Nicaragua, Honduras, Costa Rica y El Salvador.

Bueno es decirlo de una vez: no es posible conocer la historia de Centroamérica sin andarse por las ramas de éste que fue la columna vertebral de aquel organismo.

He dicho que Morazán no fue el libertador al modo de San Martín y Bolívar; veamos la causa: la separación fue pacífica, ni una lágrima de los ojos, ni una gota de las venas. Los episodios de independencia en otros sectores americanos empujaron la mano de los jefes vigentes españoles y no tuvieron más remedio que tomar pluma y papel y labrar ellos mismos —¿vencidos?— el acta de independencia, aunque reservándose el poder y usufructo dentro del nuevo régimen. Morazán apareció en el escenario cuando ya el primer acto había empezado. Su gloria —¡grandiosa!— está en dos actos. Por eso no realizó el primero, de emancipación política, y sí los dos segundos: de emancipación social y organización del gobierno. Y para equilibrar su desmedro, apareció con los talentos que Dios le había dado de precursor de las futuras ideas democráticas.

Mas, el hecho de que en esta región no se derramase sangre para independizarse, como en el resto de América, no fue gracia del cielo, sino infortunio enmascarado con otras espinas. Sabido es que la libertad política arrancaba de cuajo los privilegios y vicios coloniales hasta cierto punto; mas en Centroamérica, aquí quedaron, pues bien: aquí quedaron sin extirparse. La lucha de Morazán debió comenzar por allí: vencer a los conservadores y reaccionarios. Ellos le impidieron mucho: imponer la reforma de leyes, aglutinar en su puño los cinco estados en uno solo y proteger nuestra patria de que aquéllos —¡tan deseosos de su privilegio!— le ofrecieron a la voracidad de extrañas fauces en forma de protectorado. Pues no había, desgraciadamente —¡para tal época y tal ambiente!— otro recurso salvador frente a quien ponía el pavor y el respeto. Mas, el hecho de haber sido militar no excluye otras aristas de su personalidad múltiple: su odio al caudillaje como mera satisfacción de apetitos; renunció a una dictadura y sacrificó intereses personales porque obstruían los de su país. Tras de restituir en otro momento las instituciones, devolvió con gracia y —¡diz!— ingenuidad el poder que tanto esfuerzo le había costado. En él —se ha dicho— el hecho estuvo siempre subyugado al derecho; la fuerza, a la idea; el soldado, al ciudadano. Vivió en una modesta decencia; rehusaba honores y raras veces se hacía acompañar de edecanes o ayudantes. Rotuló en su testamento una huella de su alma, así: "Declaro que todos los intereses que poseía, míos y de mi esposa, los he gastado en dar un Gobierno de Leyes a Costa Rica (parcela de la patria grande en que fue ultimado en 1842), lo mismo que diez y ocho mil pesos y sus réditos, que adeudo al Señor Gral. Pedro Bermúdez".

Fue reformador. El político se volvió militar excelente para hacer política; el reformador se convirtió en estadista para crear reformas al Estado. Y todo lo hizo bien.

Fue el primero que inició en América Latina las instituciones liberales; creó la libertad de pensamiento, la libertad de cultos; reformó el ramo de instrucción pública; la enseñanza fue decretada gratuita y obligatoria. Dictó leyes sobre hacienda, aumentó las rentas, levantó el crédito, fomentó la agricultura, habilitó nuevos puertos y hasta arrancó de cuajo el título del Don en su afán reformista, sustituyéndolo por el de simple ciudadano. Como superioridad sólo reconoció la del talento y la virtud.

Como político fue habilísimo: pulsaba las situaciones y penetraba de golpe la catadura de sus hombres, a quienes dominaba con astucia, con disimulo y una táctica moral que no era inferior a la militar que empleaba en los combates. Proscribió la autocracia y desterró los 300 años de absolutismo por parte del clero y la nobleza. Él implantó la autonomía constitucional. Tampoco debemos dejar por fuera una arista en este ceñido examen: la del hombre. Había nacido para mandar sin hacer sentir su dominio. Era tranquilo, pero firme y veraz. Su curiosidad intelectual y simpatía que contagiaba, hacía que todo el mundo se le rindiera. Estudiaba, observaba y acababa por ser el mejor. Hizo de su vida una obra de arte. De Centroamérica, una sola patria. De las modernas ideas de libertad y democracia, una bandera. De la juventud, su mejor motivo de esperanza. Asimilaba en forma tan extraordinaria, que aquí radicaba el secreto de su grandeza: allí se escondía el genio. No conocía miedo; le sobraba la fe; se imponía por su solo silencio. Murió con la serenidad de los justos. De él habría dicho Goethe: "Todos sentimos como si debiera haber en él algo más, pero no sabemos qué".

Al revelar a ustedes la esencia del hombre Morazán y explicarlo, se hace examinando sus ideas y sus hechos, que son los siguientes: recorrió campos y ciudades predicando el evangelio de la unión en un solo estado de una nación dividida en grupos movilizados por caudillos sin propósitos de redención, pues estaban inspirados por la sangre y por el clero.

Fue sacrificado. Sus palabras, su resurrección, han forjado el arquetipo de nuestra política más alta. Este evangelio morazánico tiene apóstoles. Si alguno niega su prédica, es por razones mezquinas o es por desconocer su doctrina salvadora. Pero la fuerza propulsora de Morazán hay que ir a buscarla en el hecho de que era producto de ideas incipientes basadas sobre la creencia del racionalismo y del progreso; flores de una especie de naturaleza intelectual hoy exterminada: el positivismo.

Un historiador mexicano le ha juzgado como el promotor de una doctrina político-social, es decir, que desató la revolución de la pequeña burguesía progresista centroamericana que estimuló la de

México, produciendo su reforma social en 1833-1834. Vale decir que el régimen colonial tendía a desaparecer a impulsos de la pequeña burguesía que ya clamaba por caminos, colonización de las costas y hasta creación de una marina mercante, y que fue fruto de estos anhelos la aparición de Morazán. Una serie de reformas en materia de educación, religión, hacienda, legislación penal, etc., determinan que Morazán destruyó el régimen colonial y nos liberó. Pero que previamente una pequeña burguesía había madurado y tenía conciencia de sus derechos. Era un movimiento de innovación que procedía de la revolución social que se llevaba a cabo en todo el mundo. Prácticamente en nuestras colonias hispanoamericanas se hacían presentes todos los síntomas sociales que con mejor estructuración empezaron en Europa. Con Morazán a la cabeza, y en una forma hasta inconsciente por lo que a sus partidarios se refiere, se pretendía sustituir el tipo de "comunidad" por el de "sociedad"; exterminar el pasado, es decir, lo conservador, e imponer lo liberal, es decir, la reforma en que el individuo intervenga. Antes de Morazán, el poder político estaba sujetado por el clero; ahora se quería que ese poder lo rigiera lo económico, rudimentariamente, y para eso se apuntalaba con las doctrinas foráneamente intelectuales y actuales.

La pirámide en cuyo vértice aparecía el clero y la aristocracia criolla incrustada tanto en lo social como en lo político, se derrumbaba bajo el impulso de la nueva idea, todavía no muy esclarecida en las conciencias, pero sí evidente en la de Morazán. Éste quería imponer el régimen de la libre competencia; para conseguirlo, indirectamente se destronaba a Dios y a la sangre, es decir, a los antiguos poderes. No es que se les exterminase, sino que se les desterraba como poderes del Estado. Todavía no había aparecido en aquella sociedad feudal el espíritu del capitalismo. Lo que se quería era que surgiera la incipiente pequeña economía a ocupar el mismo lugar de lo conservador y religioso, es decir, lo estabilizado y tradicional, sustituido por lo liberal y dinámico.

Éste es el principio de la iniciativa privada, que por desgracia en aquellos países ha caminado a pasos de tortuga, porque la tutela feudal destruida por Morazán fue sustituida en nuestros días por el monopolio del capitalismo extranjero. En una palabra, el espíritu democrático y urbano iba carcomiendo las viejas formas sociales y el orden regulado por la única institución organizada, que era la Iglesia.

En aquella época, si el individuo no era libre, tenía como recompensa la seguridad, como en el caso de los progenitores de Morazán; mas ahora un Estado racionalizado iba a garantizar la libertad, acordando derechos políticos, civiles y obligaciones defendidos por una justicia del Estado. Particularmente, los gremios de oficios alcanzan el derecho a coaligarse. Morazán ha sido, en nuestro medio —sin excluir a José Cecilio del Valle—, el que primeramente pensó en política racional y no tradicional. Él quería una nueva capa social del talento y de la energía activa como sustitutos de la del nacimiento y la del clero. Morazán se propone implantar crédito político y económico legalmente hablando, en una sociedad en que el vínculo social ya no estará constituido por un sentimiento orgánico de comunidad, sino por uno de organización racional y mecánica, desligada de las fuerzas de la moral y de la religión.

Pero no hacemos justicia si no reconocemos que su obra excede, como materia de interés político y doctrinario, el ámbito centroamericano. La verdad es que, con cinco o seis nombres más, representa el alto comando de los ejércitos, militar y socialmente, de las antiguas colonias emancipadoras. ¡La emancipación de las colonias hispanoamericanas! Bueno es que se sepa lo que esto significa; mi amigo el expresidente de España, Dr. Niceto Alcalá Zamora, piensa que la Revolución Francesa ocurrida en el Viejo Mundo en 1789 y esta otra ya iniciada en 1787 en el Nuevo Mundo, constituyen los dos jalones que precipitan el desplazamiento de la Edad Moderna a la Edad Contemporánea. Esto mismo esclarece que nosotros, hijos de la república, somos, políticamente, no fruto de la Edad Moderna, como son los europeos en su mayoría, sino de la Edad Contemporánea, y nuestro origen históricamente reciente es el de la lava que ha brotado de la fiebre de un volcán. Somos los hijos de una revolución y esa energía violenta que nos ha asomado al mundo civilizado es la de un principio innovador en las almas de las multitudes autárquicas. No resulta ocioso que nos detengamos sobre este punto. No basta conocer los hechos históricos y muertos, es necesario conocer su sentido. Las cosas no ocurren porque sí y por eso los eruditos nada más que eruditos tienen un mérito relativo. Es necesario penetrar subterráneamente hasta donde está el eslabón que va encadenando un hecho histórico a otro uno o dos siglos más tarde.

La Revolución Francesa precipitó la emancipación americana, pero aquella primera influencia no ha terminado, pues sus alcances los acabamos de ver en las recientes grandes guerras y las vicisitudes actuales traducen los postreros síntomas de una convalecencia ocasionada por la Revolución Francesa en el organismo social del mundo durante la Edad Moderna. Ciertamente, antes de la ejecución de Luis XVI en 1792, ya los fundamentos del viejo régimen se sintieron amenazados por los signos del nuevo, dentro del cual, y gracias a los trastornos de su alumbramiento, vinimos a la vida como Estados y entes culturales, los hispanoamericanos.

Morazán mismo es la encarnación política de aquellos principios revolucionarios. Pero si él representó la acción, que es de naturaleza dinámica, también apareció la reacción, o sea, la resistencia para quitarle la vida; ¡bárbaros! las ideas no se matan, como escribió Sarmiento. No pudieron dar muerte a lo que, viniendo de la Revolución Francesa, no hacía sino apoyarse en Morazán como la enredadera germina a pesar del muro desplomado.

La omnipotencia de Morazán nace de esgrimir particularmente el principio de la igualdad, que, articulada con la fórmula de ciudadano, niveló a todas las conciencias frente al Estado, que fue el depositario de todas ellas. Este postulado, entre los que informan a los de la Revolución Francesa, le hace aparearse a Napoleón. Pero bueno es que uno que trató a los dos, que militó bajo el comando primero de Napoleón, luego de Morazán, haga el paralelo aleccionador. Hablo del Cnel. Nicolás Raoul, quien será visto desfilando en las páginas de esta biografía. Helo aquí:

"Napoleón hizo su carrera militar en el mejor colegio de esa época, bajo la dirección de los mejores jefes. Morazán no tuvo instrucción ninguna en la milicia, ni quiso tenerla prácticamente en los cuarteles, ni tuvo jefes a quienes imitar; pero sus planes de guerra y sus combates dejan tanto que admirar como los de Napoleón."

"Napoleón debió sus triunfos al soldado francés, al entusiasmo francés, a los cuantiosos recursos de una nación pródiga y ávida de gloria. Morazán, sin recursos, con unos pocos Texiguats y Curarenes, dio combates desiguales y triunfó siempre contra fuerzas muy superiores, debido todo a su propio genio".

"Napoleón aprovechó los elementos de la civilización, la cultura y prestigios de la Francia; conferenciaba con los primeros políticos y militares de Europa, recogiendo todo un caudal de inspiraciones y conocimientos; Morazán vivió en otro medio, reinaban en Centroamérica las tradiciones de la Edad Media; el retroceso era el alma de la sociedad, y sin su genio iniciador y reformista, nada se habría hecho. Los pocos hombres que le seguían, más bien se inspiraban en las ideas del jefe".

"Napoleón aprovechaba las cosas existentes: Morazán las creaba, porque nada existía capaz de entrar en el plan del porvenir".

"Las ideas de Bonaparte eran las de Francia: bastaba seguirlas para contar con el éxito; las de Morazán no eran las de Centroamérica en su inmensa mayoría, y la lucha debió empezar por allí".

"Napoleón profesó distintas opiniones en la política y en la corte pontifical. Morazán, las mismas de siempre".

"Napoleón buscaba su propio engrandecimiento y el de la Francia; Morazán, exclusivamente el de su patria".

"Francia, teatro de Napoleón, no puede compararse con Centroamérica, teatro de Morazán; pero en la comparación de los genios es fácil comprender quién lleva la ventaja".

"Napoleón representa la autocracia en su más alta expresión; Morazán representa la democracia en toda su pureza y en su más genuina manifestación. Napoleón sólo tiene fe en la fuerza y la emplea durante su vida; Morazán sólo reconoce la fuerza del derecho, y el ejército le sirve para afianzar las instituciones. Napoleón conquista; Morazán estrecha los vínculos de la Federación y recorta los abusos del pasado".

"Napoleón tenía mucho de cómico, y Morazán nada".

"En materia de virtudes, Napoleón no puede sostener paralelo con Morazán".

En vez de poner en una costura datos dispersos con fijeza de lugares y de episodios, todo ello ensartado con aguja cronológica, he dispuesto, a propósito de Morazán, demarcar las dos corrientes motoras de nuestra historia hispanoamericana que lo proyectó desde su anonimato hasta el escenario de las candilejas políticas en que de fijo apareció. También he creído más importante que presentar una pintura de ambiente, interpretar la idea central de una revolución en que Morazán fue un resorte. La parte anecdótica o el panegírico necrológico nos deleitará, pero no para reflexionar sobre un acontecimiento formidable, a saber: habiendo tenido durante tres siglos un estilo generador de nuestra propia conciencia, de pronto se nos vinieron encima formas de vida superpuestas, constituyendo una realidad reñida con la que ya teníamos, y como le era más fácil arrollar la estructura exterior, nos atrincheró en nuestro mundo interior, oteando hacia el exterior con la contradicción de vernos republicanos por fuera y coloniales por dentro.

Tenemos, pues, dos tradiciones: una inicial y la otra superpuesta, una realidad histórica bilateral. Nos creemos siempre hijos de la revolución de independencia, pero el alma sumida bajo nuestra piel nos desautoriza, señalándonos un carácter, unos hábitos y costumbres que nada tienen que ver con las instituciones liberales, pues aquellos se nutren de una savia vital que trasciende lo meramente reflexivo para ir a alimentarse del sentimiento y la intuición. Cronológica y orgánicamente venimos de la colonia, doctrinariamente somos fruto de la república. Naturalmente que todo el mundo pretende ser de hoy y no de ayer, pero la psicología poco caso hace cuando se delata con sus hábitos y prejuicios del más rancio origen español por contagio de convivencia americana, cuando no por antepasados de sangre. Aquello, pues, se prolonga más allá de la república en forma tan sostenida que Morazán inclusive quiso arrancarla de cuajo para que ésta naciera sin ese estorbo enraizado en nuestra alma.

Con ese estorbo no era posible que la forma superpuesta descendiese y se filtrase en la conciencia del pueblo, siempre iba a quedar un cuerpo extraño en nuestra alma, que era la herencia española, y ese impedimento ha sofocado las raíces de la república, robándoles jugo nutritivo. Ahora ya tenemos perspectiva para ver esto. Por eso no hemos creado un espíritu americano, siempre está en nosotros un estorbo, y por eso la revolución no logró fecundar nuestra conciencia hasta hacerla dar frutos.

Lo que no nos preguntamos es si ese germen debe seguir siendo sofocado. He retrocedido y revisado esos inacabables kilómetros de tierra histórica dejados en olvido más allá de donde empieza la revolución y sólo de regreso he comprendido que Morazán y sus parejas abrazaron la idea redentora de la revolución, pero su alma, como la nuestra, procedía desde aquella otra región, había nacido en aquel mojón que hemos dejado en olvido a nuestras espaldas. Y he venido en la sospecha de que esta segunda tradición reciente, la de la república, era como un aparejo extraño sobre nuestra alma, porque nuestra conformación tenía una urdimbre colonialmente española. Y que los hombres que para su juego redentor, como Morazán, la abrazaron, por ese solo hecho, ya tenían la guerra adentro de ellos mismos.

No podían hacer otra cosa sin antes divorciarse de su fondo ético y por eso libraban una doble batalla contra el régimen afuera y contra su alma adentro. Las ideas asimiladas y nuevas no conciliaban con las características orgánicas y viejas. Esas pasiones eran las del absolutismo, las del parasitismo español (el trabajo como función degradante), el odio a los pequeños menesteres. Fíjense bien ustedes en que hay una gran diferencia entre cambiar un régimen político o un sistema de gobierno y reformar eso y además arrancar de cuajo los cimientos religiosos y coloniales de un alma obligada a asumir una concepción económico-racionalista impuesta por la fuerza y atizada con el fuego de una quemante temperatura revolucionaria.

Pero los historiadores poco reparan en un hecho enormemente elocuente y necesario para nuestra propia valorización histórica. Es el siguiente: aquellos tres siglos coloniales han calado tan hondo en nuestra idiosincrasia que todas las batallas de adaptación a lo que nos trajo la república tienen su raíz allí. Las dos corrientes chocaron no sólo en aquellos años de independencia: 1810, 1816, 1821, etc., sino que el choque ha continuado hasta producir un conflicto histórico que tuerce lo moral en el fondo de todo hispanoamericano. He aquí el pathos de nuestro origen. Solamente los historiadores y sociólogos superficiales pueden suponer que el indio o el mestizaje produce nuestro drama histórico o social. La sangre, pienso yo, es susceptible de unificación por el espíritu, pero cuando el espíritu ha creado un carácter, unas costumbres y unos prejuicios durante tres siglos, ya no es fácil extirparlos y por eso creo que nuestro drama reside en que las instituciones liberales y, en general, las nuevas formas sociales y culturales no siempre se han conciliado con el terreno abonado con una substancia histórica de raíz hispana. Si el lector me lo permite, yo diría que la república ha sido siempre lo extraño a nuestro ser de cepa colonial...

Pero antes de examinar esta tesis, retrocedamos y revisemos algunos antecedentes de nuestro origen. Cuando ocurrió nuestra independencia, en España persistían los valores ya relegados en el resto del mundo europeo. En España subsistía la correlación entre los dos mundos ya separados en opinión de los demás europeos, esto es, el eterno y el temporal, o sea, el divino y el terrestre. Para España subsistía el Estado-Iglesia, fusionando en una sola mano el poder político y el religioso tan mezcladamente como si se tratara de una misma substancia histórica. Esto explica mucho la intervención en la cosa pública durante la revolución de los curas hispanoamericanos. En el resto del Viejo Mundo privaba una concepción diferente del mundo español, a saber: estado laico, nuevos cánones de crítica, renovados valores políticos y económicos, fomento del conocimiento de la naturaleza, en suma, ciencia natural, economía y técnica que jamás ha despertado mayormente el interés del espíritu español.

La separación entre el orden de lo terrenal y el de lo divino era ya un episodio en toda Europa, menos en España. En Italia ya Maquiavelo separaba los dos órdenes que subsistían en el medioevalismo español eslabonados en uno solo. Contra la revolución que se opera en todo el mundo está España defendiendo los viejos valores de un orden eterno. Consecuencialmente, contra España está la conciencia insurgente de los que en América representaban la idea moderna, Morazán inclusive. Pero adentro del hombre Morazán, España se defiende en el sedimento que se mezcla pero no se funde con ingredientes intelectuales que no proceden de ella, pero que eran generadores del impulso revolucionario. He aquí revivido el conflicto histórico adentro de nuestro héroe y de todos los héroes de la independencia; mientras luchaban contra España, ésta se defendía en el espíritu que les había insuflado. La emancipación americana fue tan paradójica que para derribar al régimen se necesitó agallas y métodos españoles.

Bolívar y Sarmiento fueron formidables enemigos de España porque ellos mismos, nacidos fuera de España, estaban tallados en madera traída de allá durante la colonia.

En suma, España lucha contra el espíritu de las nuevas formas de vida, pero cae vencida porque ponía dique a los valores que habrían de elaborar la nueva cultura. Y nuestras repúblicas saltaron de aquel volcán como la lava caliente, quemándole a quienes pretendían fundirlas en nuevo crisol. Nacieron en el lugar en que lo conservador y lo radical chocan, en el punto justo en que España misma choca entre sus conquistadores crueles y sus humanistas nobilísimos. Su ideal de altivez guerrera y religiosa quiere oponerse —dice mi amigo Picón Salas— a la hazaña económica inglesa, a la cultura burguesa protestante, al absolutismo del estado francés, al auge de las ciencias naturales y la mecánica. España quiere seguir siendo el reino de Dios, pero los demás han resuelto que sea reino del hombre. Y Morazán representa esta segunda tendencia.

Este injerto de una corriente o tradición de tipo doctrinario aplicada a un pueblo formado psicológicamente en otra corriente o tradición de tipo ético y moral distinto es la causante de nuestro conflicto históricamente moral. Frente a esta contradicción de un pueblo con una cierta estructura orgánica impulsada a seguir un canal institucional sin preparación social adecuada, su reacción ha sido una contrarrevolución de inadaptado, decidiéndose por el automatismo, la rutina, la molicie, como manifestaciones de su desencanto; abrazando cuanto más la patria como patrimonio, pero jamás como teatro de empresas de cultura, de salud social; prefiriendo las apariencias de patria sin contenidos y siempre como defensa de la propia frustración, de la lacerada protesta de la imposibilidad de generar una substancia como la araña para elaborar el hogar; como protesta, en fin, de no poder asentarse en la propia, genuina realidad. ¿Realidad? Ésta no puede sino a través del tiempo constituirse sobre una doble tradición; opuestos o dispares valores; una estéril antinomia por ahora.

Conociendo la etiología de este problema histórico del cual nace como un fruto Morazán como emancipador social, se puede opinar con don Francisco de Quevedo ("yo te enseñaré el modo cómo es que tú no alcanzas a ver sino lo que parece"): el ser desmiente a las apariencias, así nuestra naturaleza humana desafía a la república con que nos vestimos ante el mundo civilizado. Otras cosas se pueden argumentar y siempre se caerá en lo mismo: que el fondo histórico colonial había generado un sedimento subjetivo reñido con el ambiente social inexistente para contener los ideales de la república.

Ponerlo así es ofrecer el problema en sus términos precisos y cabales, ya que este asunto toca en lo vivo de nuestras preocupaciones, pues trátase de la materia histórica que se acumula en el pequeño hueco geográfico de la América Central.

Pero todavía lo diremos sin empacho, a saber: que nuestra personalidad de hombres y pueblos republicanos sólo tiene una pátina en la superficie social y nada en el fondo subjetivo. Por consiguiente, nuestros reflejos condicionados entran en conflicto con las directivas impuestas a nuestra mente por las instituciones liberales. Aquel estado inorgánico de antes de la república persiste en las costumbres después de implantada ésta. Vale decir, se trata de la supervivencia de un orden irracional adentro de una nueva estructuración social de tipo racional. Este conflicto de dos realidades superpuestas, la una sobre la otra, se halla coexistente en nuestra alma como dos fuerzas psicológicas antagónicas que desintegran nuestro ser.

Al terminar ya en la época moderna en España su idea religiosa, y no haber adoptado el espíritu analítico, ha perdido centro de gravedad lo mismo que nosotros al someter nuestro destino social a las instituciones liberales. España, como nosotros, no estaba preparada para los pequeños menesteres del mundo terrenal y de allí su resistencia orgánica a la técnica. Los otros pueblos pudieron sustituir su fe religiosa con las esperanzas puestas en lo racional; España y nosotros no; nosotros sólo podríamos vivir de fantasmas, como Don Quijote; la gimnasia del espíritu analítico nunca ha sido un sustituto nuestro de la fe perdida; empero la imposibilidad de conciliar lo irracional que heredamos de España con lo racional que contiene la república ha sido y sigue siendo el origen de nuestros males.

Es que España, por su naturaleza sensual de tendencias virilmente masculinas, nunca ha sido un pueblo formador, sino fecundador por su gran potencia vital. Así se explica que al venir a América, la cultura que difundió no fue dentro de lo consciente, sino dentro de lo inconsciente, con su modo de vivir. Un pueblo con espíritu analítico jamás habría hecho eso, habría regulado una ordenación sistematizada y habría formado nuestro espíritu, pero este recurso se parece menos a la vida, y fue vida palpitante y por eso mismo caótica y desordenada lo que España insufló en nuestras almas. De ese procedimiento ahora sufrimos sus deplorables consecuencias, mas este juicio desfavorable para España lo formulamos a la luz de los valores vigentes. Acaso con la futura perspectiva secular ¿no vengan los demás pueblos vaciados de vida a beber lo que en ellos ha muerto mediante la técnica y el espíritu analítico y que subsiste en nosotros? ¿Es que nos hemos puesto de acuerdo en cuál debe ser el sentido de la vida? ¿Estriba en el progreso puramente racional o estriba en el ocio? Sólo la historia por venir lo contestará.

Pero si el espíritu de la razón es imprescindible, España lleva las de perder. Ese espíritu del racionalismo siempre fue extraño al estado de la Edad Media, pues la Iglesia era entonces la única organización nacional y el tono medieval fue el que reguló la vida española en la época de la independencia. Por eso lo que aquí fomentó fueron comunidades determinadas por un sentimiento orgánico de sangre, de vecindad o de servicio, y no una sociedad regida como en nuestros días por una organización artificial y mecánica, desligada de las antiguas fuerzas de la moral y de la religión, generadoras del laicismo y del estado autónomo. Reiteramos: ¿Cuál es el sentido de la vida? ¿Debemos pensar con Alfredo Von Martín cuando afirma que el humanismo prometió elevar a los hombres sobre el nivel "animal" (carente de razón y cultura) y convertirlo en verdaderos hombres? ¿Lo consiguió? Responde también él diciendo que los convirtió en bon bourgeois.

Pero volvamos a nosotros, que somos fruto de la concepción hispana, y digamos para concluir que ella está determinada por un saber tradicional y no racional; mas el segundo, el de la república (el racional), vino a crear un conflicto chocando con el primero, y ello es causa de nuestra frustrada conciencia de hombres y de pueblos.

"Yo mientras tanto sobre otras playas y bajo otros cielos, velaré por el destino de esta patria que llevo dentro de mi corazón, como algo que le es inseparable y que no puede finar sino con la muerte. Si mi destierro la pudiera engrandecer tal como la he soñado en mis delirios, queden, en buena hora los que me persiguen, al frente de sus destinos, mientras mis mortales restos descansen en extranjeras playas".

F. MORAZÁN.

ANTECEDENTES HISTÓRICOS

De algún lugar italiano acudió un emigrante trasegador a nuestras tierras de espíritu y posesión española. Dejaba a la zaga un patrimonio noble de sangre, pero consigo traía otro en metálico. Avanzó por el Atlántico y desembarcó aquí en una de las Antillas con la playa erizada de arenas y palmeras; luego volvió a montar en otro barco y remontó de nuevo el mar. (Todavía no había nacido en Córcega —plaza en donde fue autorizado su pasaporte consular— aquel mentado corso entre los jefes de Francia que se llamó Napoleón Bonaparte). Se llamaba nuestro hombre Morazani, ignoraba qué empresa abrazar en América. Era todavía mozo, provisto de agallas, ansioso de compañía y dispuesto a barzonear en el mundo. Montó, dijimos, de nuevo en una de las grandes Antillas, remontó el Golfo de México, y enderezó directamente hacia nuestro continente con abordaje en la periferia del istmo centroamericano. El lugar del aterrizaje esta vez resultó ser una playa abrasada del mar Caribe, la fecha por 1760 o algo aproximado de la segunda mitad del siglo XVIII; arribó en una de aquellas carabelas que esporádicamente el Golfo de México (sobre la cresta del oleaje y en las orillas del Puerto de Trujillo) arrojaba como liviana caja de fósforos.

Trujillo era lugar de Honduras, ésta una provincia y todo aquel terreno de patrimonio español. Tras de haber contemplado las Antillas —rebaño apretujado en la llanura del mar— nuestro viajero vino a topar aquí con una tierra rugosa de verdes costillares y acantilados. Caviló y reparó que ninguna averiguación tenía de este segundo país americano que pisaba y menos de su propio quehacer aquí. Pero el capital reposaba seguro en su bolsillo y en su ánimo se agitaba la aventura. Echó a caminar tierra adentro, y a más de 200 leguas de región interna, y a una altura de cosa de dos mil metros, topó con una "modestísima agrupación de mineros" que denominaban Villa Real de Tegucigalpa, y que naturalmente, no tiene rango de ciudad pero que andando el tiempo será tal y hasta tendrá linaje de capital en una que es potencial república.

En este pueblo de mineros, tampoco se queda a vivir porque oye hablar de otra villa menos explotada, San José de Yuscarán, cuyo sortilegio le avecina a poco de su llegada como súbdito del Rey de España. Aquí se establece. El clima balsámico no logra aflojar sus energías. Después, es decir, ya en 1764, ha labrado una fortuna y tiene hilos tendidos para enhebrar futuras empresas. La misma ambición que fermenta en su alma le insufla fuerzas motoras y afán de compañía. Busca mujer y casa. Luego muere ésta y repite la ceremonia y la vida en común: ya tiene hijos. Muere la segunda esposa y este D. Juan Bautista de Morazani —que así es su nombre— busca una tercera compañera, Doña Manuela del Castillo y con ésta y los de las anteriores hace un recuento de hijos que llegan a diez.

De todos ellos, Eusebio es el mayor, cuyos pasos —desatendamos de hoy en adelante los del padre— hemos de seguir. Cuando D. Juan Bautista va a Tegucigalpa, Eusebio en particular es quien se traslada a esa ciudad definitivamente. Inicia comercio de almas, pues es ya un mozo y conoce una familia Quesada de abolengo español; casa a su vez con una hija, Guadalupe, quien a magníficos méritos de vinculaciones de todo orden, nivela con las desventajas que en este sentido pudiera tener el varón, la de excederle ella seis años de edad. Con este casamiento Eusebio abre la cerradura de entornadas puertas en que hay patrimonios sociales y económicos. Como el padre, hace también fortuna en negocio de minas y comercio. Queda anclado en Tegucigalpa y es indulgente y trabajador.

Todavía lleva el patronímico de Morazani, pero su padre, y sus hermanos, cuando vengan a Tegucigalpa, habrán de resolver de común acuerdo ajustarlo (cuyo origen se presta a leyenda) a la morfología de la lengua nativa, convirtiéndolo en Morazán. Es aquí como la mudanza de nombre y alma le dotan de una familia, de unos intereses materiales y otros morales y con todo esto se queda a vivir en la villa.

Hasta allí la andanza de nuestros dos principales personajes. Pero este episodio del siglo XVIII ocurre en cierta región con cierto fondo político y social que a su vez tiene pasado. Veamos cuál es éste. Dos siglos atrás, en el XVI, el Rey de España va a regularizar la administración de estas propiedades mostrencas y así crea por Real Cédula del año 1542, una denominada Audiencia de los Confines, con el fin de impartir la justicia y también montar el gobierno. El término Confines obedece a que la audiencia se fija en una zona colindante que atiende simultáneamente las infracciones de Guatemala, Honduras y Nicaragua. Como asiento de este Tribunal se designó a un pueblo hondureño, Comayagua, pero se resuelve luego que otro de Honduras disfrute del honor, llámase Gracias a Dios, y ello se discierne en 1544. Permanece allí la Audiencia de 1544 a 1548, en que se traslada a Guatemala, lugar destinado a presidir la vida del istmo y cuando vaya Morazani a Honduras, dos siglos después, ya es época de la colonia. Es decir, ya existe una sociedad y un gobierno.

Establecida la Audiencia, el Gobierno de Honduras, como el de las regiones vecinas, está ejercido por el Presidente de este Tribunal; este funcionario goza de poderes legislativos y políticos. Pero al trasladar la sede de la Audiencia de Honduras a Guatemala, se decide que ejerza el Gobierno de Honduras un Alcalde Mayor. Mientras tanto, Comayagua, centro el más hacinado de criaturas, asume en 1557 el título de ciudad. Honduras cuenta por primera vez en su historia con una ciudad. Nuevamente se traslada la Audiencia de Guatemala a Panamá. La presidencia del Tribunal la ejerce un Dr. Antonio González; le sucede otro Dr. Villalobos en 1573. Gobernador de Honduras, es un D. Diego Herrera. Pero también por este tiempo se ha decidido fusionar en Herrera cargos simultáneos de Alcalde Mayor y de Gobernador.

El Presidente de la Audiencia tiene curiosidad de las mentadas ricas minas de Honduras y manda un experto de la materia, quien se asoma a las denominadas de Teguzgalpa en 1578; a poco de este hallazgo se estableció aquí un pueblo de españoles con este nombre, que quiere decir Cerro de Plata, fundándose luego la población de Tegucigalpa, cuyo mote oficial reza así: "Real de Minas de San Miguel de Tegucigalpa de Heredia", en nombre de la intervención del funcionario de Honduras, de nombre Heredia, que se interesó previamente. Valverde dividió entonces a Honduras en dos provincias: la de Comayagua y la de Tegucigalpa, y nombró Alcalde Mayor en Tegucigalpa.

La clave del teatro en que Eusebio va a actuar dos siglos después consiste en que sólo se representan escenas de un género áspero; la vida se convulsiona de codicia y poder a partir de su descubrimiento (1502) hasta la primera implantación del ya comentado Tribunal de Justicia (1542). La historia empieza con el primer actor blanco, don Cristóbal Colón en su cuarto viaje. Transcurren 22 años y aparece don Gil González Dávila, el primer fundador. Es también quien demarca primeramente el terreno que, incluyendo Honduras, abarca: desde el Golfo de la Osa en el Mar del Sur hasta las Sierras que quedan a una latitud de 17 y medio grados; desde aquí hasta el Mar del Norte sin tocar en las vertientes acordadas al conquistador Hernán Cortés; desde aquí siguiendo el oriente hasta el río de San Pablo, en la vecindad del Golfo de las Higueras y desde este río siguiendo la costa del Mar del Norte hasta el ya mencionado Golfo de la Osa. Es decir, enlaza varias regiones fusionadas bajo una sola Gobernación: Chiapas, Soconusco, Yucatán, Nicaragua, Honduras y Costa Rica. Las tres primeras se han desvanecido como unidades políticas durante la colonia; ulteriores demarcaciones ocurrieron en la independencia y, después, tras una efímera república federal, cinco repúblicas unitarias subsisten enlazadas como diminutos eslabones de una cadena política sobre la garganta de tierra denominada hoy América Central.

Después de la aparición y luego desaparición de Colón y González Dávila, este territorio se lo disputan delegados montaraces de los siguientes regímenes: Hernán Cortés, que ya ciñe bajo un puño a México; la Audiencia de Santo Domingo luego; el Rey directamente desde España; y posterior y definitivamente la Capitanía General de Guatemala, otra de las Audiencias o tribunales de justicia establecidos en América. A este régimen quedó sometida definitivamente Honduras con carácter de provincia; y con el advenimiento de la Federación, de Estado. Mediante la tregua se van fundando focos urbanos, se planta maíz y trigo, se inicia la explotación mineral de oro y plata. Se fundó hasta seis pueblos de españoles sometidos a la autoridad de un obispado, que son: la ciudad de Vallid (Valladolid), en lengua de indios, Comayagua. Es la residencia del Gobernador y la Catedral después de haber sido trasladados de la primera ciudad importante fundada en el país: Trujillo; la ciudad de Gracias a Dios, treinta leguas de Vallid; la villa de San Pedro; la villa de San Jorge de Olancho. Todos éstos son sitios en que mora un puñado de vecinos españoles en torno de sectores de indios de los cuales se sirven para exprimir los jugos del país.

La anulación final del último baluarte que halla la conquista española (un cacique establecido en un peñón como atalaya aquilina y cuya leyenda se ha erizado de símbolos) subordina del todo a la autoridad española el espíritu aborigen. Se llamó Lempira. Aparece la ley por vez primera impuesta por otra del 20 de noviembre de 1542; la ya comentada entidad jurídica que se llama Audiencia de los Confines, y cuya jurisdicción comprenderá lugares hoy bajo el signo de México y Centroamérica, a saber: Tabasco, Chiapas, Soconusco, Yucatán, Cozumel, Guatemala, Honduras, Nicaragua, Costa Rica, Veragua y Panamá.

Regularizada la administración y justicia por medio de esta Audiencia de los Confines, creada por decreto de 1542, sólo es instalada en 1544 en Gracias a Dios. Esta fecha fija el advenimiento de la Colonia; de aquí en adelante se produce la división en dos provincias: la de Comayagua y la de Tegucigalpa.

Años después aparece el mozo Morazani en Honduras. En 1788 la organización de la colonia se hace conforme a la ordenanza de intendentes, es decir, incorporando la provincia de Tegucigalpa a la de Comayagua, pero en 1812 nuevamente se reconoce la soberanía de la Alcaldía Mayor de Tegucigalpa. Poco después se manifiestan los iniciales y débiles síntomas a favor de la agorera emancipación americana del absolutismo español. Ya Morazani está instalado y cuenta con nietos. La convulsión social sólo es perceptible en el elemento capaz de tener conciencia, casi en su totalidad hijos de españoles. Lo que aquí ocurre es reflejo de lo que sucede en el continente. En efecto, en el siglo XIX, según sabemos y como consecuencia de la descomposición política del cuerpo histórico europeo, se rompen las amarras unidas a las colonias americanas y se arrebatan los ánimos. La tripulación, es decir, la población, queda a merced de la borrasca liberal, y en semejante vaivén de pasiones no es posible sujetar dentro de un orden de autonomía constitucional a los emancipados que se escurren por los resquicios de la violencia civil.

El rompimiento de lazos, operación de cirugía política, fue realizado por la muchedumbre, pero en particular por los criollos letrados; éstos quieren meter a los primeros dentro de un puño de fórmula jurídica. Mas aquella multitud permanece con los brazos amenazantes y la sangre revuelta. Eso ocurre en América toda. Pero aquí, en la América Central, tal consigna se cumple, mas se realiza de otro modo. Es necesario reparar en este rasgo diferencial porque además altera la esencia de su futura historia. La conspiración no se lleva directamente en contra del poder español, porque el propio capitán simula transar con la tripulación amotinada, mas no para ceder el poder sino para retenerlo. ¿Cuál es el resultado? Que aquí la independencia no es absoluta sino relativa; no es como en otras partes de América concluyente, sino que es un engaño de independencia:

una independencia, pues, meramente aparente. En efecto, la Capitanía General de Guatemala estaba presidida en este momento culminante por un jefe español, claro está, por el Brigadier Gabino Gainza; Gainza, subinspector general del ejército, había asumido el mando no mucho antes de la sublevación, lo había investido el 9 de marzo de 1821, es decir, seis meses apenas, pero enamorado de la función no se decidía a abandonarla. Antes, el jefe había sido el vejete trabajado por las enfermedades, teniente general Urrutia, enemigo intelectual de la independencia. Por este tiempo la división del Reino de Guatemala comprendía 8 provincias: Cartago (hoy en Costa Rica); León de Nicaragua; Comayagua de Honduras; San Salvador; Villa de Santa Ana (hoy en El Salvador); Guatemala; Quezaltenango y Ciudad Real de Chiapas.

Al poco tiempo se supo el "grito" de Iguala por Iturbide en México. La América Central se hizo eco e imitó. Pero al realizar la operación política, como acabamos de ver, dejó con Gainza un cuerpo extraño adentro, que luego infectó el organismo. Su delación consiste en que cosió a las faldas de México el derecho de reemplazar a los Borbones.

La bondad y la sencillez de la esposa de Eusebio tampoco se desmentía. La moralidad de costumbres fue la atmósfera que respiró el matrimonio. Ambos eran católicos y en aquella ciudad colonial, entre las actividades del comercio y la paz hogareña, su vida moderada fue la de los típicos miembros de la pequeña burguesía; atendiendo las relaciones sociales, cumpliendo con la fe cristiana y aceptando para sí el espíritu mezquino y apagado de una típica sociedad colonial que en más de un aspecto vivía en plena Edad Media, la existencia del matrimonio transcurrió. Eusebio Morazani y Guadalupe Quesada tuvieron cuatro hijos varones, de los cuales Francisco[2] fue el mayor.

---

[2] Januario Jirón, Cura y Vicario de este beneficio, Certifica: Que en uno de los libros de bautismo' de esta parroquia, que comienza en el año de 1792 y concluye en 1802, al folio 73 vuelto, número 365, se encuentra la partida siguiente: "En la Iglesia Parroquial del Señor, San Miguel de Tegucigalpa, a 16 de Octubre de 1792, yo, don Juan Fran-cisco Márquez, Cura y Vicario, Juez Eclesiástico de este Beneficio, solem-nemente bauticé a un niño que nació a tres de dicho mes, a quien puse por nombre JOSÉ FRANCISCO MORAZÁN, hijo legítimo y de legítimo matrimonio, de don Eusebio Morazán y de doña Guadalupe Quesada, de esta feligresía.

Se imaginaron convertirlo en un hombre de negocios y el muchacho tenía una devoradora apetencia intelectual por todas las formas del saber. Más de una vez se escapaba de casa y se le encontraba con prelados que eran las personas de alguna cultura, pues faltaban centros de enseñanza. Esta modalidad de Francisco no había de variar hasta su muerte. Al lado de aquella madre dulce, ingenua, y de aquel padre austero y afanoso, pareja muy a tono con la realidad, el muchacho se sentía fuera del medio para materializar sus inclinaciones.

En cuestiones de religión, como dijimos, la familia Morazani Quesada era católica; en política, conservadora; pero les parecía bien cualquier régimen que permitiera a un hombre de mediana posición convivir y no ser molestado, pues como seres sin inquietudes al triunfo de la verdad, preferían la paz de espíritu. Las autoridades españolas eran para ellos las normales; el cura Márquez que había bautizado a Francisco o cualquier otro de su rango representaba la sapiencia y, en cuanto al ritmo de vida, se les permitía vivir y tener clientela; no merecía objeción alguna. Francisco, en cambio, tenía un vigor espiritual que osaba salir por los ojos. Ni sus padres habrían preferido un hijo tan sacudido por inquietudes, ni él tener progenitores tan morigerados. Pareciera que adentro de sus venas despertaba la sangre abrasada por el sol de Italia que latía en las sienes de Napoleón; en aquella tierra remota arraigaba la raíz de la fértil semilla transplantada.

Sin embargo, como hemos dicho, la sociedad en que la rama de Francisco brota, y luego se estira, carece de clima fertilizante. Sabido es que la idea española proscribe funciones culturales y este hecho reflejará hasta qué punto Francisco, a puro rigor de apetencia intelectual, nutre su espíritu y sazona andando el tiempo como estadista, como militar, como correcto expositor de ideas, como hombre de sociedad y como precursor de empresas políticas.

Eusebio Morazán se permite apenas dar un tirón de orejas a su primogénito y deja que el tiempo reprima su ánimo inquieto. La política no es un buen negocio, piensa, y peor si el padre carece de

---

Fué su madrina, que lo tuvo y sacó de pila, doña Ger-trudis Ramírez, viuda, de este vecindario, a quien advertí su obligación y parentesco espiritual, y lo firmé. - Juan Francisco Márquez.-Hay una rúbrica.- Al margen, José Francisco Morazán". - Januario Jirón.Tegucigalpa,abril 16 de 1880."

sangre o privilegios españoles. Suprime, sin embargo, sus escrúpulos morales.

Por ese tiempo, sin embargo, el incipiente y menudo país en que vive Eusebio siente, como otros sectores de este continente, impulsos de emancipación. El egoísmo metropolitano fomentando la ignorancia ofendía al criollo como una vejación cotidiana. El acontecimiento histórico de la Revolución Francesa se hacía sentir, además; los apóstoles de la libertad difundían su credo como un oxígeno que saturaba la atmósfera de un continente. La cuenca centroamericana no podía escapar al contagio.

El aire que agitaba las hojas era ya un presagio. En el día 3 de octubre de 1792 había nacido y se había encarnado en este pequeño Francisco, en torno de este matrimonio humilde y trabajador, la personificación de aquellas ideas modernamente redentoras de libertad institucional que después serían instauradas en Centroamérica por el propio Morazán. Su irradiación espiritual se proyectaría sobre nosotros. Lo que Washington, Bolívar, San Martín, Santander y Lincoln particularmente significan: idénticas escenas, propósitos similares, unidad de conducta semejante, bien que el teatro nuestro ofrece un escenario modesto y bien que su empresa política no radica en extirpar las fuerzas españolas, sino la raigambre de esas mismas fuerzas reaccionarias que, al ponerlas en fuga, Morazán se refugian en los comandos protectores del clero o de la gran burguesía para poder sobrevivir.

EL PROTAGONISTA

El primogénito de Eusebio Morazán y de Guadalupe Quesada era de natural bondadoso, su inteligencia, como dijimos, despejada; su catadura física en general de fino porte. Estaba, pues, dotado de buenos rasgos por la naturaleza. Ayudaba a sus padres en el cuidado de sus hermanitos menores. El jefe de la familia se dedicaba en general a proporcionar la subsistencia y en particular ideas morales a sus hijos. Esta cualidad industrial fue inherente y orgánica en la familia de los Morazán. Se retiraban a dormir temprano como cuadra a géneros de vida impuestos por españoles de poca licencia y mucho rigor de costumbres. En esta hosca monotonía colonial, como flor sin sol, despunta la vivacidad de Francisco. Su energía echa raíces hacia adentro y lo que pudo ser ímpetu exteriorizado, se convierte en sosiego de madurez interior.

Así se explica que en este país (mundo de saberes como hueso sin pelleja) apareciera Francisco, con doctrina y decisión. Poco había aprendido de sus compañeros de juego, menos del mundillo de Morocelí, algo de D. León, bastante de los libros y documentos de éste, más de las pocas obras extranjeras caídas en sus manos y mucho de su propio juicio y reflexión. Al propio tiempo había escapado de la influencia de un mundo ignorante, supersticioso y fanático: producto de una Iglesia adinerada y feudal.

Por ese tiempo el padre de Francisco, tostado por el sol y los vientos de la manigua, y templado su carácter por la continencia, quiso tranquilizar el alma de su hijo y consiguió ponerse al habla con un cura avisado en letras, Fray José Antonio Murga, de quien le llegó la nueva de que enseñaba por amor a la difusión de la luz en donde todo era cerrazón y niebla de la que impide ver. Quiso el padre (y así se lo pidió al otro de sotana) que su hijo satisfaciera su manía instintiva y se incorporara a la clase, la cual era de gramática latina y que escuchaban otros pequeños del vecindario acudiendo para tal fin al convento de San Francisco.

Se trataba de un hecho insólito, pero Fray Murga salía a flor de la sociedad, con su capricho a flote. Esta materia, con mucha indulgencia, fue dictada por consejo y deseo de otro fraile, condolido igualmente de la indigencia intelectual y la mucha apetencia de los pequeños del vecindario. La iniciativa salió de Fray Santiago Gabrielin. Sin embargo, un año duró; terminado éste, se suprimió por imposición de un tercer fraile que vino a sustituir a Gabrielin en la jefatura del convento y que juzgó violación de disposiciones superiores o al menos apreció la faena como improcedente y estéril. Se suprimió injustamente por cualquier causa. Los padres de familia que veían el adelanto y buena disposición de sus hijos protestaron y hasta ofrecieron buena paga de su peculio a Fray Murga para que en privado prosiguiera, presumiendo que el alma del prelado estaría tocada de compasión. Naturalmente, así fue: aceptó y dio cauce a la corriente, mas de súbito lo trasladaron a la sede de la Capitanía General, en Guatemala.

En el acto, sospechas aparte, los vecinos vieron un prejuicio metropolitano con la supresión de la asignatura, por más que dicen que desde España se dictaban instrucciones para que se difundiera el saber, pero las autoridades aquí obraban de acuerdo a su ciencia y conciencia, es decir, en beneficio propio, a costa de la ignorancia ajena. Sea como fuere, España aisló a América de las corrientes europeas y Carlos IV declaró: "La Instrucción no debe generalizarse en América".

Frente a esta ulterior contrariedad y contratiempo, Francisco optó por rozarse con personas reputadas como de ilustración y sapiencia. Leía vorazmente lo que caía en sus manos. En particular estudiaba matemáticas y dibujo, para lo cual tuvo mejor ayuda con D. Juan Miguel Morazán, tío suyo que fue graduado subteniente en Guatemala. Pero la suerte no andaba con él y de estas relaciones tuvo que hacer renuncia al abandonar el lugar Eusebio y su familia, naturalmente el pequeño Francisco a remolque. Lo que ocurrió es que, merced a las posibilidades comerciales que ofrecía la plaza de Morocelí, una aldea apenas, la familia Morazán tuvo que adoptarla y abandonar Tegucigalpa como centro de operaciones. Era aquél un pueblo o una aldea no muy distante, pero la vida era monótona y Francisco, para refugiarse en un medio mejor, recurrió al mundillo social de las dos eminencias del lugar: el Alcalde y el Secretario Municipal, que no es hacer mofa de la función sino de los funcionarios, siendo buenas personas, pero ayunas de doctrina.

Con las prendas morales de Francisco, con la gracia y cortesía innata, Morocelí hizo un hallazgo y más la Municipalidad. No sólo su simpatía cayó bien, sino su conocimiento y mejor iniciativa para fiscalizar y tramitar expedientes burocráticos. Así se explica que, según los informes, nada se llegó a resolver en aquella oficina de marras sin la consulta previa del así llamado señorito Francisco, quien ya andaba en los dieciséis años. Entre tanto, él también quiso sacar tajada y, con la confianza y gratitud que inspiraba, pidió acceso al Archivo de la Municipalidad y allí se documentó de la realidad social de aquel mundillo. El tiempo pasaba. Su popularidad fue en aumento y, entre la ayuda que prestaba a su padre, la que ofrecía a los dos funcionarios, le quedaba tiempo para fantasear y holgarse ya como futuro Ministro o como Jefe al frente de un ejército.

Estos sueños aliviaban su aburrimiento y transigía con el pueblo. Pero al descender de la fantasía a la realidad, se encontró con lo que le pareció intolerable: la lentitud de espíritu, la rutina y la dilación y poca curiosidad intelectual. Fue entonces cuando creyó que la sociedad de la cual era una germinadora almendra, debería fertilizársele. Nació entonces un combativo temperamento que él mismo desconocía. El mundillo ocioso contrastaba con la energía motriz de su temperamento. Ansiaba interiormente encontrarse ya en la meta y se alegraba cuando terminaba el día y de pronto le pesaba el goce indolente e indefinido de la nada. Le cansaban las mismas caras, todo le irritaba los nervios precisamente por la calma de su pulsación regular; quería llegar más adelante, más rápido, más aprisa. "Estamos cansados de someter nuestro destino a régimen extranjero que desatiende nuestras necesidades y nosotros podemos resolver", pensó. Pensó como un sedicioso aparentemente en potencia, que ya lo era. El Alcalde debe haberlo oído, pero nadie sabía hasta qué punto paladeaba la idea de una conspiración futura. En realidad no tenía conciencia de nada, pero inconscientemente, impulsos poderosos le mantenían desvelado. Otras veces quería librarse de este mal del alma, luego quería exteriorizar su sueño, ¡ay! no había apoyo ni en la gente, ni en nada, en aquella murria y apatía colonial que le desazonaba.

Se está amasando la tormenta emancipadora mientras transcurren los días de Francisco; la revolución late ya en las venas del organismo social. Apremiado por este escozor, como buscándose a sí mismo, decide volver grupas y regresar a Tegucigalpa. Eusebio, el padre, no resiste a las solicitudes del hijo. A éste nada le habla, nada le fermenta, nada le dice Morocelí. Prefiere acudir de nuevo a Tegucigalpa y, de ser posible, continuaría el viaje hasta Guatemala, centro de erudición, regencia del poder de la inteligencia, pero también condensación de monjes inquisidores y jesuitas. Allá vivían hombres, de allá venían papeles impresos que Francisco devoraba. En esta ponzoña de zozobra (a los hechos históricos nos ceñimos respetando la verdad que la literatura reaccionaria ha querido desvanecer imputando que sólo tenía agallas para matón y gallofero) se esclarece que, como Napoleón, invocaba la intervención del espíritu y no la omnipotencia de la espada para desencadenar la justicia social. Sabida es la frase de Napoleón: "Hay dos fuerzas en el mundo: la espada y el espíritu; finalmente la espada será vencida por el espíritu."

Eusebio pensó: "Nadie le sacará sus ideas y sólo de la dura experiencia verá por su cuenta lo que le conviene". Y tornó a preguntarle:

—¿Qué harás? ¿De qué ganarás tu pan?

El hijo quiso decirle que en su interior sentía temblor, de huesos y de impulsos, impulsándolo a abandonar Morocelí... Pero lo que replicó fue ceñido a la sesera del padre. Fue así:

—Con los papeles municipales algo he aprendido y mucho me gustaría saber de leyes y códigos, de fórmulas jurídicas y achaques de Estado...

—Pero eso no se aprende en Tegucigalpa.

Francisco tenía su pensamiento disimulado. Su vida nutriría sus raíces de su propio manantial. El padre creyó haberlo dislocado de sus propósitos.

—La escribanía de don León —le replicó Francisco.

—¿Don León?

—Don León Vásquez —respondió Francisco.

Eusebio recordó a don León, un escribano. (Un popular escribano de Tegucigalpa).

—¿Escribirle a don León? —siguió el regateo entre padre e hijo.

—Trabajaré con él —dijo el hijo—, limpiándole las telarañas del escritorio.

Para sustraerle estas ideas el padre usó el magín, pero falló. Francisco se holgaba empuñando la idea.

Eusebio cultivaba cierto conocimiento de vecino con el tal don León. Eusebio sintió al propio tiempo el peso de la súplica de su hijo. Quiso disuadirlo hablándole de las posibilidades de lucro en la explotación de minas que tanto interesaba a hombres con espíritu de empresa. Francisco no tenía interés en embargar así sus energías ni su genio. El padre lo mira con severa desconfianza.

—Está bien, escribiré al señor escribano —dijo el padre y el diálogo terminó.

Don León Vásquez recordaba a Francisco; era un chico apuesto y lo creyó servicial. Por otra parte, se le ofrecía casi en forma gratis. Algo había sospechado de la utilidad del adolescente, pero ignoraba su aplomo magnético ante quienes le trataban. Este influjo fue la carta con que jugó y ganó Morazán. El mismo padre se sometía persuadido.

Francisco tomó el camino a lomo de mula y remontó desde Morocelí a Tegucigalpa. Un viaje histórico porque de no realizarlo habría permutado su juego de redentor de conciencias populares por otro de comerciante de baratijas. Poco después, los pacíficos clientes de don León encuentran al muchacho escarbándole los papeles. Ignoran que el empleadito es precozmente reflexivo y gusta estar enterado. Planes y proyectos escoltan su mente desde Morocelí a Tegucigalpa, siente la transformación de sus ideas. Reflexiona cómo se puede mejorar el régimen bajo el cual vive; llegan síntomas de inquietud social. No se atreve a hablar ni siquiera con el propio don León, pero el influjo se está condensando como una chispa en su espíritu. Mientras tanto va adquiriendo versación de derecho que despierta admiración del viejo escribano. Es éste apacible, cetrino y rechoncho.

Al parecer, para él el mundo anda bien. Jamás ha reparado que su empleado vive larvado por su opulento destino. Nunca pierde la calma y hasta acaba por suponer que no se puede hacer nada más sensato que ganarse la vida. La escribanía tiene clientela en una aldea en que autorizar uno que otro contrato es toda su función notarial, y en cambio la soberanía del pueblo, la democracia, le parecen utopía. Francisco ha advertido esto y se cuida de no tocarle el tema. Todo en la vida pasa con la mayor sencillez, sin aparato ni estruendo. Transcurren semanas, Francisco divide su tiempo entre escribir a sus padres, atender la escribanía y divertir ambiciones que no logra poner en claro. Ante la incertidumbre se siente acometido de violenta tristeza.

Cinismos, sentimientos de odio se disipan en sus oídos con la indiferencia con que ve la monotonía de la vida colonial. Pero su corazón profesa ideales y confía. ¿Tan elevadas son sus aspiraciones? Se pregunta a sí mismo. Ignora cuáles son. Y prosigue su prolongado soliloquio en afán de interpretarse a sí mismo. Durante estas horas, conoce otras de desaliento que consigue disipar. La vida no ofrece nada que le satisfaga. A veces se aburre. El clero, la escasa nobleza colonial, alguna dignidad amanerada, obligan a la domesticidad; en su imaginación, la historia le obsesiona, quiere remontar el curso de la historia del mundo de que procede éste en que vive; don León le trae algunos libros. Este viejo escribano tiene al menos paciencia. Pero en general la gente no sólo es analfabeta, sino supersticiosa. En este ambiente, sin embargo, revela en 1819 que no sólo cuenta con capacidad, sino con cierta versación en leyes, pues hace ya de escribano del Alcalde Mayor de Tegucigalpa, el abogado Narciso Mallol. Además, ventilaba asuntos en materia civil y criminal.

La carrera militar no es su vocación, es un medio; en él prevalece la inteligencia sobre la fuerza. Oye hablar de Napoleón y le obsesiona este caudillo. Cuando Francisco ha venido al mundo, aquél andaba ya en los 26 años. Hoy que Francisco, en Tegucigalpa, anda en los 27 con un destino de amanuense, Napoleón postula uno de destronado emperador con sus 53 años. La idea de Napoleón, no obstante, agudiza su apetencia revolucionaria; crece su confianza en sí mismo. Vuelve a devorar lo que trae en sus manos; precozmente reflexivo, mientras los de su edad se divierten en bailes, él lee lo que don León le facilita.

La mayoría de la gente que le rodea está librada de todo sistema, de todo principio. Él, en cambio, quiere sujetar su conducta a un principio, a un sistema. La difusión de la ignorancia y hasta del fanatismo como instrumento de dominio le parece intolerable. Es lo que no perdona al régimen español. El objetivo hacia el cual apuntan sus cálculos es precisamente instaurar instituciones de enseñanza para instruir a los que le rodean. Si más adelante recurrió a las armas, culpa fue de la resistencia que los representantes del absolutismo opusieron no sólo a la emancipación política, sino a la cultural. Pero en nada disminuye sus propósitos que, andando el tiempo, subsisten como los primordiales de la sociedad en que nació. Convencido de ser el elegido para orientar a su pueblo, acepta esa misión y actuó de acuerdo a las circunstancias de su tiempo.

La idea emancipadora en América Central es simplemente un eco de gritos escalonados y proferidos en diversos países por pechos de gran potencia emisora, como Francisco Miranda en Venezuela, Mariano Moreno en la Argentina, el cura Hidalgo en México. Por otra parte, ya la conciencia centroamericana se había familiarizado con esta idea que determina su incorporación y cuyos antecedentes se coordinan así: el once de noviembre de 1811 estalla el primer motín en la ciudad de San Salvador. Los sublevados destituyeron al Corregidor Intendente y a las demás autoridades españolas, se apoderaron de 3.000 fusiles que existían en la Sala de Armas y además de $200.000, con que contribuyeron a consolidar su situación. Luego, el día 13 de diciembre de 1811, el pueblo de León (Nicaragua), encabezado por el fraile guatemalteco Benito Miguelena, se levantó contra las autoridades españolas. Luego, el día 22 del mismo mes de diciembre, en el pueblo de Granada, también de Nicaragua, se reunieron en Cabildo Abierto, convocados por el Alcalde Primero don Juan Argüeyo y el Regidor don Manuel Antonio de la Cerda, un numeroso aporte de criollos de gran importancia social. Tampoco Honduras se había librado de este fermento. El primero de enero de 1812, los residentes españoles y autoridades de Tegucigalpa dispusieron que las alcaidías sólo fueran desempeñadas por peninsulares.

Con ese motivo, quisieron reelegir a los Sres. José Sera, Juan José Salaverría y José Iribarren, pero el pueblo se opuso. Con este motivo, hubo una refriega y los sublevados alcanzaron cierto triunfo al impedir que quedara en el Ayuntamiento un solo peninsular.

Un hecho aislado y, sin embargo, trascendental, habría de gravitar en una forma todavía más persuasiva: la jura y promulgación de la Constitución que proclamaba a España y América una sola unidad, ponía en un pie de nivelación a criollos y peninsulares y establecía la Representación Nacional en forma colectiva y de tres clases: cortes, provincia, partido o parroquia. Creaba los municipios, electos por elección popular; establecía la Diputación Provincial para control de la administración económica; disponía la apertura de escuelas en todas las poblaciones, y en ellas debía explicarse la Constitución; consagraba la libertad de pensamiento, etc., etc.

Esta Constitución fue jurada el 24 de septiembre de 1812, mientras José Bonaparte reinaba en España, impuesto por el emperador Napoleón, aunque combatido y desconocido por el pueblo de las colonias de América. Todo el año 1813 transcurrió en una potencial ruptura del Ayuntamiento con las altas autoridades civiles y eclesiásticas. El plan fue siempre el mismo: derrocar las autoridades constituidas, apoderarse de las armas y dinero que se guardaban en la

Plaza de Armas y en la Caja Real la otra. Concluido esto, libertar a los prisioneros, proclamar la independencia y embarcar a España al jefe político y altos empleados peninsulares.

Un último tanteo que vino a condensar el clima de la emancipación de 1821 ocurrió en San Salvador el 24 de enero de 1814, y estuvo encabezado por el célebre sacerdote Dr. Matías Delgado. Otro recurso influyente fue el periódico: particularmente La Gaceta de Guatemala. Fue ésta un órgano de vulgarización de los problemas nacionales y, aunque tácitamente no era un periódico revolucionario, entre la mesura, al presentar problemas nacionales, se adivinaba que la emancipación era único alivio a tantos males. Otros dos periódicos son El Editor Constitucional, que apareció el 24 de julio de 1820, y para combatirlo apareció El Amigo de la Patria, dirigido por el sabio José Cecilio del Valle. Infortunadamente, este segundo es condicionalmente más españolista frente al primero, que es independiente. Profesa Valle que no es llegado el momento para la emancipación.

Como consecuencia de lo que ocurría en España, se procedió a una convocatoria de la Corte similar a la de 1810. Merced a la premura de la reunión, los delegados de Guatemala no consiguieron llegar a tiempo. En el seno de esta asamblea, las solicitudes y protestas de los reemplazantes no fueron escuchadas y hasta posteriormente su investidura y dignidad fue rebajada. De esto se tuvo noticias en Guatemala el 30 de enero de 1821.

En este ínterin, abandonó don Carlos de Urrutia y Montoya su puesto de jefe político debido a su avanzada edad y quebrantada salud. Se designó, como antes hemos dicho, al superior de milicias, brigadier don Gabino Gainza, que tomó posesión el 10 de marzo de 1821. Más que un principio moral, lo que orientó a Gainza fueron sus personales intereses. Al pronto, los reaccionarios vieron en él un colaborador, y los insurgentes, por su escasa autoridad moral (la de Gainza), también vieron un instrumento favorable. Al igual que Iturbide en México, aceptó el pronunciamiento de la independencia de la colonia, continuando al frente del nuevo régimen.

El día 14 de septiembre de 1812, seis después de saber que tres ayuntamientos habían jurado la independencia, el jefe político dispuso convocar una junta, girando la siguiente invitación a las principales autoridades y cuerpos colegiados de la capital del Reino: "Asuntos del mayor interés que pueden ocurrir a la felicidad y tranquilidad pública han llamado en el día toda la atención de esta Superioridad", y con tal motivo dispuso que una serie de personajes se reunieran a deliberar el día 15 a las ocho en el salón de Palacio.

No todas las provincias recibieron en igual forma la proclamación de la independencia. El intendente de León desacató la resolución. En Comayagua, Honduras, el jefe don José Tinoco opinó en forma parecida al intendente Saravia de León, disponiendo que su provincia quedase subordinada al gobierno de México.

En cambio, Tegucigalpa, los Llanos y otros departamentos en Honduras, permanecieron fieles a lo dispuesto en Guatemala. Este hecho dio parte en la escena a Morazán, que tras las cortinas del escenario y en humilde traza, seguía los episodios. Tinoco pretendió, por la fuerza, someter a Tegucigalpa, no logrando su intento. Entonces se dirigió a los puertos de Omoa y Trujillo, decidido a resistir todo ataque y mantener su autoridad; pero el gobierno central, apoyado por Tegucigalpa y El Salvador, hicieron que Tinoco, temeroso de un fracaso, abandonase su proyecto, retirándose a México con objeto de informar a Iturbide de lo ocurrido en la provincia de su gobierno.

Para que mejor se comprenda la posterior intromisión de Iturbide en la órbita política de Guatemala, conviene reproducir aquí las cartas comprometedoras de Gainza para éste y de éste (jefe de México) para Gainza (jefe de Guatemala).

Aquí están: La de Gainza tiene fecha del 18 de septiembre de 1821 y decía así:

"El día 15 del corriente será época memorable en los anales de Guatemala. Acorde con la voluntad general, mandé que se proclamase con toda la posible solemnidad la independencia deseada del gobierno español; y en medio de las tareas consiguientes al tránsito de un gobierno a otro, V. E. ha sido uno de los principales objetos de mi atención y de la de Guatemala. A nombre de ella y como adicto a la causa de la América, tengo el honor de ofrecer a usted mis sentimientos y los de este pueblo, dándole las más expresivas gracias por haber sido en esta época el primer libertador de la Nueva España, y la más afectuosa enhorabuena por el triunfo de sus armas".

A este testimonio contestó Iturbide con fecha 19 de octubre de 1821 y entre otras cosas decía:

"Que Guatemala no debía quedar independiente de México, sino formar con aquel Virreinato bajo el Plan de Iguala y Tratado de

Córdoba; que Guatemala se hallaba todavía impotente para gobernarse por sí misma, y que podía ser, por lo mismo, objeto de ambiciones extranjeras".

Persuadido Iturbide de su voluntad de expansión, propia de toda nación que surge, de inmediato mandó tropas al mando del Gral. Vicente Filísola con orden de ayudar o imponer el movimiento anexionista.

Esta actitud de Iturbide estiró la distancia entre Gainza por una parte y los independientes por otra. El águila imperial mexicana se cernía sobre aquellas provincias desgajadas del régimen español y momentáneamente huérfanas. Gainza fue una especie de entregador del cordero que debió amparar precisamente de la amenaza que flotaba en el espacio.

El pliego que contenía las proposiciones de Iturbide llegó a destino el día 28 de noviembre y Gainza solicitó el voto de las provincias. El día 5 de enero de 1822 se fraguó el escrutinio que, maliciosamente explorado en 30 días, dio como fraguado resultado que la mayoría de los pueblos eran objeto y no sujeto de la anexión. Gainza, en vez de escuchar las protestas, procedió a disolver la Junta Consultiva con la cual gobernaba y la cual le hacía sombra. Al mismo tiempo, hizo renacer la Diputación Provincial de la muerta colonia, que le era incondicionalmente adicta. Sin embargo, la resistencia iba a ser mayor de lo que él suponía: a la República del Salvador le cabe la hazaña de haber labrado el baluarte y altar de la oposición.

Por esta época, Francisco Morazán (27 años de edad, sueldo y colocación en la Escribanía de Don León Vázquez, ojo avisor; mozo de conversación versátil, niño "bonito" de Tegucigalpa; las niñas reparan en su espigada traza, a caballo, su deporte favorito), avanza recamado de popularidad que inspira su natural amable, su sociabilidad y espíritu de camaradería. El arco mejor templado no debe estar siempre tenso; su perfil aguzado por eso mismo en la imaginación popular aparece en marco de apuesta presencia física aderezada con prendas morales, simultáneamente vivía su alma abrazada por la idea de emancipación. Persuadido cuando en Guatemala se produjo el primer síntoma de emancipación, Morazán, que frecuentaba tertulias secretas, se subordinó a la opinión intelectual, que le merecían respeto: Don Dionisio de Herrera, Don Justo Herrera, Don León Rosa, Don José Antonio Márquez. La transformación que empezó 30 años atrás, tocaba ya a su fin. De la colonia feudal se iba a pasar a la república liberal. Todos profesaban en Tegucigalpa el espíritu de la gran idea.

En ninguno menor flaqueza y se postulaba mejor el coraje moral que en Francisco Morazán. Estaba penetrado por la liberación. Su fuerza creadora era el desinterés. Era digno, dotado de encanto personal y viveza de espíritu, poseía algunas de aquellas desaparecidas prendas de los hombres del Renacimiento italiano. Dotado de rectitud mental, se convirtió en apóstol y aceptó el destino encarnado en su vida, por eso su aparición en escena es ya un presagio. Pero para reconstruirla es necesario que los panegiristas apresurados comprendan los méritos que elogian. En primer lugar debe esclarecerse que no es el rol emancipador de Washington, de San Martín, de Bolívar o de Hidalgo o Santander, etc., que zafaron de la tutela española a su patria, sino el de Lincoln que la unificó y libertó socialmente. Por otra parte, el escenario de estos libertadores no es el humilde teatro en que nuestro actor aparece. Finalmente es indispensable tomarlo como doble expresión de sus rasgos peculiares y sus afinidades con la sensibilidad general de su tiempo y su medio.

Para colmo, Morazán hace su aparición física tardíamente —la independencia está consumada—. No sólo está realizado este episodio, sino que sus ejecutores se señorean y él es apenas empleado de Escribanía de provincia. Cuando aparentemente todo está hecho, él aparece sin participación en la obra y sin títulos ni nombre para intervenir. Considerando a la luz de todos estos hándicaps, Morazán es un par entonces de los libertadores que hemos mencionado. Como ellos, es un ser de selección; fue constructivo en la acción y cuando fue vencido por un oleaje de pasiones, demostró ser grande en el infortunio.

Otro esclarecimiento se impone. El carácter peculiar que se produce ya que el ideal no es comprendido, sino porque está encarnado en un caudillo y las masas siguen a éste, no al ideal mismo. Morazán, pues, se encontró con este inconveniente, y la reconstrucción de su vida debe empezar por reconocer tales hechos que en vez de disminuir lo elevan. Fue superior a su medio y a su tiempo. Finalmente, conviene reconocer que el mismo fenómeno político-social de la independencia de la América Central ofrece una evidente diferenciación que la convierte en acontecimiento aislado. Para empezar: aquellas fuerzas locales, que con el régimen español medraron de prebendas y mercedes del privilegio, no fueron extirpadas después de proclamarse la independencia. De hecho, subsistieron las clases sociales, una persistencia de hegemonía social y política con la única diferencia que la autoridad ya no se generaba en España, sino que los mismos representantes la fraguaban aquí. Subsistieron, pues, las mismas autoridades civiles y eclesiásticas que si desatendieron a España, no dejaron de desatender sus intereses y, suprimida España, reclamaban su amparo directamente.

Para colmo de paradojas, estos señores de privilegios (en medio de una revolución de soberanía nacional y popular) se ayudaban de la buena voluntad de clases que ellos esclavizaban y, sin embargo, atraían. Morazán tuvo que vencer y convencer de su bondad a sus mismos beneficiados. En una palabra: mucho del elemento que Morazán salvaba de la opresión, no estaba reñido con sus opresores: reñido estaba paradójicamente con el mismo Morazán.

Esto sólo se explica por la falta de una conciencia clara de lo que ocurría. Accesible a una inteligencia como la de Morazán, y no a toda la escasa minoría, ya que el sector privilegiado, igualmente culto, se oponía por no convenir a sus intereses de casta o de hacienda.

ÉPOCA DE EMANCIPACIÓN

Vamos a referir y esclarecer fijando cronológicamente los escalones desde los gérmenes primeramente sediciosos hasta la materialización de la independencia. Simultáneamente con este dato, haremos lo propio con los escalones que ascienden desde el Acta de la Independencia y Anexión a México hasta la consumación de la Federación Centroamericana (luego socavada y finalmente disuelta para siempre).

He aquí la información anunciada: En 1811 (5 de noviembre), como consecuencia de la revolución de 1810 por Bolívar y Miranda en Venezuela, Hidalgo y Costilla en México y aquellos próceres del Virreinato de La Plata, se produce en la fecha aludida una conspiración en San Salvador; luego el 13 y 26 de diciembre del mismo año, otra en León de Nicaragua y el 22 en Granada del mismo mes y país —según en otra parte hemos anotado— y el 1° de enero de 1812 en Tegucigalpa.

Un año después de estos gérmenes y no acontecimientos separatistas, como consecuencia de la renuncia de Fernando VII por imposición de Napoleón (22 de septiembre de 1812), se recibió y juró la Constitución decretada por las Cortes de Cádiz (España), acreditando representación oficial las provincias de América. (Honduras fue representada por don José Francisco Morejón y don José Santiago Milla.) Y al año siguiente (1813), otro brote de conspiración apareció en el convento de Belén, en Guatemala, pero fue descubierto. En el siguiente año (1814), devolvió Napoleón la corona a Fernando VII, quien de inmediato se propuso restablecer la monarquía absoluta, para lo cual anuló la constitución jurada (en que se concedían derechos y garantías antes negados) y un manifiesto redactó el monarca en que lamentaba que merced a su ausencia hubiesen ocurrido "alborotos" en sus provincias de América. Pero en este preciso instante, acaeció un ulterior desorden en San Salvador semejante al aquí mismo abortado en el año 1811.

En 1816 (según un casual informe elevado al Rey por el Gobernador Intendente Tornos, la provincia de Honduras, situada entre 13 grados y 15 grados de latitud Norte), "contaba con una población de 100 mil almas, su territorio se dividía en los siguientes partidos: Gracias a Dios, Sensenti, Tencoa, Olancho, San Pedro Sula, Yoro, Olanchito y Tegucigalpa. El obispado estaba dividido en 39 curatos".

En 1818 (28 de marzo) ascendió a la Presidencia del Reino el ya mencionado como achacoso funcionario teniente general D. Carlos de Urrutia y Montoya, penúltimo de los gobernantes de la Capitanía General de Guatemala, pues ya estábamos en las vísperas de la separación del régimen español.

Acontecimientos misteriosos se suman a estos hechos para desplomar la autoridad extranjera; un bergantín emergió del fondo del mar y se plantó en la costa, fue capturado y se descubrió que por nombre tenía el de Nuestra Señora de Guadalupe, motejado también El Gallardo, y curiosamente se dijo proceder desde Buenos Aires (Argentina). El 3 de abril del mismo año de 1818, asomó otra fragata en la misma costa sur de Honduras, luego emergió un bergantín, luego una cañonera grande y lanchas armadas que inclusive apresaron a uno o dos diminutos bergantines y goletas del comercio nicaragüense. Y poco tiempo más tarde, con el pretexto de hacer aguada, entró en el Golfo de Fonseca una lancha grande trayendo a bordo cosa de 25 hombres armados entre ingleses y negros que a poco retornaron a un barco que no lejos permanecía fondeado como amenazante fantasma. Todos estos fantasmas marinos brotaban de entre la masa azul como si el seno del mar, contagiado de convulsión liberal, echara su arma en ristre.

Pasa el tiempo y no se anuncian novedades, pero en 1820 aparece en la costa norte del mismo país y el día 21 de abril de tal año, una escuadrilla que amenaza al puerto de Trujillo, intima entregar el puerto dentro de una hora. El desafío se formula de parte de un tal Aury, hay ataque de ambas partes, muertes inclusive, pero la nave agorera surgida del mar, desaparece. Son —piensan las autoridades españolas— o piratas o insurgentes, es decir, que hasta estos lugares remotos llegan síntomas de la insurrección operada en todo el continente. Posiblemente esto último. Acaso detrás de estos movimientos se emboza la malicia de Simón Bolívar: la historia nunca reveló el origen.

En este año (1820) el Rey Fernando VII se decidió por imposición del pueblo de la Península, a autorizar con su firma la repudiada Constitución de 1812. Esto fue urgido en particular por la revolución redentora en España de Riego del 1° de enero de 1820 y también convocó a Cortes para los años 1820 y 1821, sin sospechar que la hegemonía de sus dominios estaba a punto de desvanecerse.

Pero otra clase de síntomas aparecían con la libertad de prensa. El Dr. D. Pedro Molina se decidió a publicar un periódico doctrinario intitulado El Editor Constitucional, un horno en que se atizaba lumbre revolucionaria. Con ese motivo, otro periódico españolista apareció, dirigido por el célebre José Cecilio del Valle e intitulado El Amigo de la Patria, amistad romántica para una patria inexistente, pero soñada. Repetimos estos datos para orientar un orden cronológico.

Por este mismo tiempo, vivía en Tegucigalpa un mozo, primo hermano de Del Valle, que se llamaba Dionisio de Herrera y que de regreso de Guatemala, con un diploma de abogado, se dedicaba con agallas a socavar el régimen imperante. Por este tiempo, Honduras constaba de los partidos de Comayagua y Tegucigalpa y las 9 subdelegaciones de Gracias a Dios, Olancho Viejo, Tegucigalpa, Choluteca y Trujillo. Luego 35 curatos en 145 pueblos y 231 valles; todo ello según el censo de 1791; tenía una población de 93,501. Contaba con seis puertos en el norte y en su capital (Comayagua) residía el Gobernador Intendente, el Obispo y un Colegio seminario en que se estudiaba latinidad y moral.

El tímido pueblo que ha estado encogido durante 300 años, se acerca al Palacio de los Capitanes en Guatemala y exige que se cumpla lo que allí se pide (jurar el código de la república), que no sabe qué es, pero que no debe ser peor de lo que ha sido. El resorte (para que esta máquina funcione) lo ha puesto en movimiento el vecino país: México. En efecto, México se independizó y el acto azteca prendió fuego como la idea que ya abrasaba a los corazones centroamericanos. El Capitán General de Guatemala trató de ocultar la noticia, pero fue inevitable el clamor explosivo. La independencia de España aguijonea y ahora, con este estímulo, no quiere este sector quedarse a la zaga.

El 15 de septiembre de 1821. Fiesta cívica que sacude de regodeo a todos los corazones.

De todas partes viene gente a ver y oír lo que pasa: de casas con teja de barro, de las orillas, de chozas pajizas. Unos cohetes disparados por una señora atraen más gente. Con el alba ya dieron la voz de alerta las campanas. A la tarde, ya consumado el acto, el toque de oración. Sonríe la candidez del indio junto a la amenazante mirada del mestizo. De estas provincias, las más olvidadas que España tiene en América, se va a forjar una patria. Se anima la historia. De estas mismas provincias (tan olvidadas, han vivido), los bucaneros años atrás pensaron convertirlas en una república independiente con bandera propia. Ciertamente, hacer de Centroamérica una democracia de bandidos, de ágiles filibusteros, de guarida de hombres sin Dios y sin ley. Así pensó Butter al apoderarse de Trujillo; así pensó Drake sin sospechar que allí mismo en Trujillo lo ahorcarían después de una refriega de coraje, blasfemias, cuchillos, balas, muerte. De Centroamérica pensaron hacer una república estos piratas feroces. Pero los nativos, que son cristianos y renuncian a un rey pero no a un Dios, le elevarán un altar a la patria en este día en que abundan ciudades con catedrales, muchas iglesias, muchos colegios y monasterios, todos de piedra. Y los criollos están que no caben dentro del pellejo. Pero al mirarse el corazón, la historia descubre este estigma de una propuesta deshonesta que le hicieron los filibusteros. Ahora la América Central toma destino en el orbe de la libertad y está salvada.

Pero todavía se ignora que estos centros urbanos en que privan monasterios, conventos, iglesias, fanatismo, ignorancia, etc., con el impulso de la independencia se convertirán en campo de luchas religiosas. Hay dignidades eclesiásticas a favor de la república y otras en contra. Y eso se manifiesta con violencia de excomuniones y piedras. El cura Dr. Delgado conspira contra el Intendente español.

Centroamérica no quiere seguir siendo colonia. La República erige en obispado a El Salvador y consagra obispo al padre Delgado. Viene el cisma. Los frailes no quieren aceptar la constitución: les amenaza el Gobierno y terminan doblegándose bajo la bandera de la independencia y jurando el código de la República. Las mujeres se dividen. El obispo de San Salvador y el arzobispo de Guatemala (el Dr. Delgado y el Arzobispo Casaus), mantienen en Guatemala sus propios abogados. El Papa pulverizó a Delgado, excomulgándolo. La patria centroamericana le erigió entonces un altar para que predicara el evangelio de la libertad.

Dijo el Papa: "Y habiendo concebido tantas y tantas horribles cosas, con toda verdad se te puede aplicar aquello del Evangelio (lo decimos llorando) que has entrado como ladrón y salteador en el rebaño de las ovejas... para matar y perder... si supiéramos que en el término señalado para la enmienda del crimen cometido, tú no has satisfecho a la iglesia... aunque nos causara dolor (para usar las palabras de Crisóstomo) lloraremos y nos lamentaremos y nuestras entrañas se cortarán como que nos privamos de nuestros propios miembros... que llegarían al punto... de pronunciar contra ti, sentencia de excomunión". (León XII).

Honduras declara (por medio de su Congreso) que las resoluciones de la Santa Sede no tendrán efecto en el país, mientras no reciban aprobación del Gobierno.

En 1822, tal es el ímpetu reformistamente infantil que profesan, se declara abolida la esclavitud, pero en Inglaterra ni en 1823 se acuerda algo similar.

Como dijimos, el 14 de septiembre de 1821 el jefe político tuvo noticias que Chiapas con fecha 5 del mismo, se había adherido al plan de Iguala, o sea el nombre del pueblo en que se firmó el célebre pacto en México. Con este motivo, consultó al Ayuntamiento. Se dispuso convocar una Junta. Abierta la sesión, hizo uso de la palabra el Arzobispo fray Ramón Casaus y Torres, quien negó la necesidad de la emancipación. Después habló el vocero del partido españolista D. José Cecilio del Valle. Admitió la justicia y necesidad de imitar los ejemplos de otras colonias. Gainza, que escuchaba los clamores de la plaza, creyó que el momento era llegado de tomar una determinación. Era el momento de actuar.

Con ese motivo, del Valle procedió a la redacción del documento que consagraba lo que el pueblo pedía y en cuyas primeras palabras dice así: (pero antes redactó un Manifiesto, en que Gainza pretendió justificarse, mas tan absurdo le pareció, que hubo que recogerlo de la circulación), "Palacio Nacional de Guatemala, 15 de septiembre de mil ochocientos veintiuno. Siendo públicos e indudables los deseos de independencia del Gobierno Español que por escrito y de palabra ha manifestado el pueblo de esta Capital; recibidos por el último correo diversos oficios de los Ayuntamientos Constitucionales de Ciudad Real, Comitán y Tuxtla, en que comunican haber proclamado y jurado dicha independencia, y excitan a que se haga lo mismo en esta Ciudad; siendo positivo que han circulado iguales oficios a otros Ayuntamientos; determinado de acuerdo con la Excma. diputación provincial que para tratar de asunto tan grave se reuniese en uno de los salones de este Palacio la misma diputación provincial, el Ilmo. Sr. Arzobispo, los Señores individuos que diputasen, la Excma. Audiencia territorial, el venerable Sr. Deán y Cabildo Eclesiástico, el

Excmo. Ayuntamiento, el M. I. Claustro, el Consulado y M. I. Colegio de Abogados, los Prelados regulares, Jefes y funcionarios públicos: congregados todos en el mismo salón: leídos los oficios expresados; discutido y meditado detenidamente el asunto y oído el clamor de Viva la Independencia que repetía de continuo el pueblo que se veía reunido en las calles, plaza, patio, corredores y antesala de este Palacio, se acordó: por esta Diputación e individuos del Excmo. Ayuntamiento...".

La consecuencia inmediata fue que la "república", encontrándose económicamente en situación precaria, tuvo que verse debilitada para iniciar su vida independiente. Esto contribuyó a su sometimiento a México. Veamos lo que ocurría en este último país: el 27 de septiembre de 1783, nació en Michoacán D. Agustín Iturbide. En 1821 era uno de los más importantes jefes realistas. Trató de unir a su causa al Gral. Vicente Guerrero. Dicho general le dio el mando de las fuerzas libertadoras, poniéndose a sus órdenes.

El 5 de enero de 1822, después de haberse recibido el voto de las provincias en la forma arbitraria y de mera entrega por parte del jefe Gainza que antes hemos declarado, se proclamó la anexión a México no obstante la sensata oposición de José Cecilio del Valle y la violenta actitud de D. Antonio Rivera Cabezas. El Salvador, como ya dijimos, opuso resistencia a esta anexión.

Previamente ocurrieron algunas cosas: Iturbide había objetado el artículo 2° del Acta de Independencia relativo al Congreso a razón de un diputado por cada 15.000 almas; prometía los principios de la monarquía moderada y anunciaba el envío de una división al mando del ya recordado Filísola. De resultas de este contingente y de este proceder sobrevino lo siguiente: Tinoco, partidario de Iturbide y jefe de Comayagua, según hemos dicho, quiso someter por la fuerza a Tegucigalpa, partidaria de la independencia proclamada previamente en el Acta redactada en Guatemala por un hijo ilustre de Honduras, el sabio José Cecilio del Valle.

El Ayuntamiento de Tegucigalpa, no obstante su debilidad económica y militar, no se intimidó con las amenazas del defensor del absolutismo español (español él mismo hasta por lo rancio de su nombre y de sus galones), entronizado en Comayagua y condensando en su cabeza como una antena toda la esperanza del clero y la aristocracia. De inmediato, este valiente Ayuntamiento nombró Comandante General en la plaza, a D. Francisco Aguirre, valiente ciudadano que no puso reparos. Al pronto aparecieron voluntarios: primero fue uno, luego fueron cinco, de pronto 20 y poco después ya había un ejército como para estructurar con él varias compañías. Se dio principio a la tarde a elegir los hombres que habrían de capitanear o acaudillar cada una; una voz en pleno aclamó un nombre que (desde la sapiente de D. Dionisio de Herrera, hasta la del indio encogido que tuvo entereza para opinar) recomendó quién debía dirigir la primera división.

El nombre que así se señoreaba sobre la multitud fue el de Francisco Morazán, mozo de 29 años, que para defender sus ideas (que eran las de Tegucigalpa y como corolario de aquel grupo), acababa de renunciar al puesto de la Escribanía, de donde ya traía buen bagaje de nociones de derecho, y algo de latín, de matemáticas y dibujo que por su cuenta había aprendido. El latín, sobre todo, le había enseñado a discernir y a expresarse con precisión. En secreto había concurrido a las reuniones en que había tenido conocimiento de las Cortes de Cádiz y donde había sacado para leer también en secreto El Espíritu de las Leyes de Montesquieu. Nada sabía en cambio de achaques militares, pero su coraje y entereza lo revelaban al que cambiaba con él dos palabras. Había aparecido por primera vez en escena. Sabía más de derecho político y de Tocqueville.

Una efímera esperanza de que la causa de Tegucigalpa fuese la de Guatemala apareció en el horizonte. Esto se puso a prueba, cuando la Junta Consultiva dispuso enviar auxilios en favor de Tegucigalpa. Ya esta Junta había, como correspondía, aprobado el plan de organización de la Provincia de Tegucigalpa, redactado por don Dionisio de Herrera, que contemplaba la creación en manos de un solo funcionario el Gobierno político y de hacienda. Sin embargo, conviene reparar que el miembro de la Junta Provisional Consultiva, que asistía a Gainza por Comayagua, era José Cecilio del Valle, que además de hondureño, era primo hermano de Herrera y últimamente había abrazado en forma reflexiva, como eran todos los actos de su temperamento moderado y lúcido, la causa de la independencia. La esperanza de Tegucigalpa la defendía, pues, en Guatemala, el ilustre Valle.

Pero un error capital se había cometido y el cual haría inevitable la anexión de las provincias a México. Consistió en que la Junta Provisional Consultiva, en vez de diferir el pronunciamiento (favorable o desfavorable sobre la negociación de los dos jefes, el de las provincias y el del imperio mexicano), sometiéndolo al Congreso convocado, respondió que exploraría el voto de las provincias. Esto, como dijimos, se llevó a cabo, pero en forma arbitraria. Es tácito y concluyente que las provincias de la Capitanía General de Guatemala pasaron a depender del Imperio efímero de Iturbide en forma ilegal porque el paso fue dado sin deliberación ni consentimiento autorizado por ningún documento popular. Sin embargo, ya no existía una España que (propiedad de ella ayer) justa intervención habría tenido en su defensa. Otra protección legal no aparecía en el horizonte. Dios, sin embargo, quiso que la misma arbitrariedad de Iturbide, demostrada en este acto de sometimiento, la repitiese dentro de sus propias fronteras, al desconocer los privilegios del Congreso mexicano y los principios en que estaba regida la constitución. Esto desplomó el gobierno de Iturbide, según veremos.

Un ulterior intento hubo de parte de Comayagua para entenderse pacíficamente con Tegucigalpa, pero fue rechazado. La respuesta decía: que la mayoría de la nación decidiría de quién había de depender Tegucigalpa: si de México o de Guatemala, pero que lo que no aceptaba era someterse a Comayagua.

Ya hemos dicho que 23 Ayuntamientos acordaron que el problemático Congreso (pues nunca se reunió), decidiera; 104 aceptaban la anexión; 11 aceptaban condicionalmente con pactos y 32 dejaban su opinión sometida a la voluntad de Guatemala. Pero la verdad es que detrás de este aparentemente legalizado escrutinio, no aparecía la totalidad de la opinión pública y así se escamotearon no sólo las deliberaciones de un Congreso que dictaminara, sino la de este escrutinio llevado a cabo con fraude.

Repetimos: el 5 de enero de 1822 la vacilante luz de la independencia que había asomado el 15 de septiembre de 1821, es decir, cuatro meses atrás, se apagó con el viento helado de la cortina corrida por Gainza, y que los patriotas habían descorrido para exhibir la escena opuesta. Fue el acto hipócrita y diestro para sus gazapos de un inquisidor que imponía los dictados del Santo Oficio con su extraordinario rigorismo.

Y siguen los sinsabores, desventuras y desilusiones porque el resorte estaba puesto en marcha con la pérdida de la libertad. Esta alumbró apenas.

En el decantado Plan de Iguala firmado por Iturbide el 24 de febrero de 1821, se acordaba la independencia de Nueva España; su religión seguiría siendo la católica; su gobierno, una monarquía constitucional. No obstante, regiría el emperador Fernando VII, algún pariente suyo u otro de casa reinante que aceptase el Congreso, que al efecto se convocaría. Pero de inmediato gobernaría una Junta o una Regencia y este Gobierno sería sometido por el Ejército de las Tres Garantías. Luego, en julio de ese mismo año, llegó el nuevo virrey de México.

Con ese motivo, modificó Iturbide el Plan de Iguala. Delegó a las Cortes (que se reunirían en México) la facultad de elegir emperador y el elegido bien podía ser persona desprovista de sangre real. El 27 de septiembre, entró Iturbide en México y organizó la regencia. A estos pactos y disposiciones se sometieron las provincias centroamericanas igual que se sometió el pueblo mexicano. La República de El Salvador, ya hemos dicho, desconoció lo resuelto en Guatemala.

En Tegucigalpa, por primera vez en su historia, entró a gobernar un insurgente, el gran republicano Dionisio de Herrera. El mismo día que Gainza, por virtud de la incorporación a México, dio principio al ejercicio del mando que ya ostentaba, la Junta Provisional Consultiva se disolvió. Tanto en Tegucigalpa como en Comayagua ejercían el mando tres funcionarios distintos: uno en lo político, otro en lo militar y el tercero en las cuestiones de hacienda.

Como es lógico suponer, en virtud del sometimiento al Plan de Iguala, Honduras, como las restantes provincias, estaba en la obligación de elegir diputados al Congreso de México. Así lo hizo y salieron electos, por Tegucigalpa, el presbítero Márquez, don Próspero Herrera y José Cecilio del Valle. Este último polariza nuestra atención, porque en el Congreso habrá de imponer su autorizada personalidad, según veremos. Luego el arbitrario emperador lo pondrá en la cárcel para alojarlo después en la Cancillería como su ministro.

Pero antes de seguir adelante, debemos detenernos para presenciar en este desfile de acontecimientos la, aunque rápida, segunda aparición de nuestro personaje. La primera, dijimos, fue para acaudillar la primera compañía de voluntarios que se formó en Tegucigalpa, en número de 1,500 para defenderse de las amenazas de Tinoco, quien quería someterla por haber abrazado él la causa menos digna de aquel momento. La segunda, todavía haciendo un papel secundario y de "extra" dentro del elenco de la política nacional, aparece Morazán para afirmar que Tegucigalpa sólo en lo militar obedece a las autoridades de Comayagua, pero no en decisiones políticas, de hacienda o eclesiásticas, pues así se había dispuesto en los últimos días del gobierno colonial. Precisamente para sortear estas posibles implicaciones y evitar tener que zanjarlas por las armas, Morazán, que contaba 30 años y aún era soltero, actuó en la forma que vamos a ver.

El Ayuntamiento de Tegucigalpa supo que la Junta Provisional Consultiva le remitía fondos destinados a la así denominada Casa de Rescates, el cual envío ya estaba en los Llanos de Santa Rosa. Como la tirantez con Comayagua permitía que los imperialistas se apoderasen ilegalmente de este convoy, se dispuso que Morazán saliera a su encuentro y al pronto se mandó una fuerza de 150 hombres a San Miguel para recoger el botín cuyo transporte había ido a preparar Morazán. Pero éste, al pasar por Comayagua, fue detenido. En un prisionero menos dotado de astucia y disimulo se habría sospechado al cómplice, pero en Morazán descubrieron patéticamente a un viajante dañado en sus inocentes cuidados de honrado comerciante. No obstante, se le detuvo en observación durante tres días.

De regreso de la desventurada excursión, volvió acompañado de 12 soldados, ya que en la ida sólo lo escoltaba un sirviente. El objeto de la misión (es decir, los fondos) fue retenido en San Miguel, pero esto es historia aparte.

Conviene esclarecer que también en Comayagua había civiles simpatizantes con la causa que Tegucigalpa defendía. Entre éstos estaba un mozo, el futuro general Cabañas, quien interesó a su padre para que recuperara la libertad de Morazán. El padre, don José María Cabañas recurrió a su vez a don Esteban Travieso, hombre de fortuna y de influencia. Libre Morazán, Travieso lo invitó a su hogar y aquí el caudillo conoció a la esposa (de Travieso), futura esposa suya, a su vez en 1826. De inmediato, ambos se sintieron incontrolablemente atraídos.

Esclarecido esto, volvamos grupas al escenario en que, tras la anexión a México, se obligan estas provincias a hacerse representar en el Congreso de México y en efecto lo hacen. Este acto, meses después de haberse proclamado la independencia, tuvo el mérito de alegrar a la aristocracia centroamericana y al clero en su mayoría de sangre y origen español. No se olvide que no fue el pueblo, sino el clero y la aristocracia los que aprobaron la anexión. Aquel cuerpo consideraba la retención de sus monjías; esta otra clase planeaba títulos hidalgos. Paradójicamente, la libertad republicana, es decir, la restauración de las clases populares, les arrancaba de cuajo prebendas y regalías. Como corolario, la independencia significaba la revolución, pero el clero y la aristocracia (particularmente esta última por ser un cuerpo sin excepciones), significaban la tradición, lo pasado, lo conservador.

Era, en consecuencia, un quiste o un cuerpo extraño del organismo, pero amenazándolo de muerte por la vida que le absorbían sus intereses. La aparición de Morazán modificó el curso de estos inconvenientes y ya la conciencia centroamericana estaba canalizada por dos corrientes políticas perfectamente definidas: el sector unionista y el separatista, o sea lo que después fue: republicanos e imperialistas, liberales y conservadores o serviles. El primero negaba pasivamente a México como sustituto de la hegemonía de los Borbones y el segundo lo aclamaba como agente de sus intereses. Esta lucha, así canalizada entre dos corrientes, es la que culmina en la epopeya de 1827 a 1829 en que Morazán perfila su relieve. La aurora de la independencia se tiñó de sangre salpicándola. Los unionistas querían una patria federal; los separatistas, defensores del imperialismo, pretendían cinco estados autónomos u autocráticos con deseos siniestros de subordinar el derecho político a alguna potencia extranjera. Desconocían el principio nuevo: que la soberanía residía en el pueblo.

Pero antes de llegar al Congreso, convocado por Iturbide en México, veamos lo que hace su enviado a América Central con el fin de someter o impedir la oposición a la ya oficialmente aceptada anexión. El dicho militar, Filísola, se había detenido en Chiapas para proteger los pronunciamientos, mas Gainza lo reclamó con motivo del desastre sufrido en la provincia de El Salvador por Arzú. Este militar fracasó en su intento de someter al único sector rebelde contra la anexión a México que quedaba, pues Tegucigalpa se sometió a este mismo Filísola cuando el 22 de junio de 1822 desde Guatemala anunció que se hacía cargo del mando. En efecto, hemos dicho que Gainza reclamó a Filísola con motivo de la derrota de Arzú en El Salvador, pero lo cierto es que ya Filísola tenía instrucciones de Iturbide para sustituir a Gainza, quien debía acudir a México.

En El Salvador se produjo así el primer combate por la independencia; en suelo centroamericano, la primera guerra civil. Otras cosas ocurrían en México, meridiano de la política del istmo centroamericano; el 24 de febrero de 1822 se inauguró el Congreso y el 19 de mayo del mismo año, gesticulando, fue electo Iturbide, Emperador Constitucional del Imperio Mexicano, gracias a su poder como General en Jefe del Ejército de las Tres Garantías. Su coronamiento solemne ocurrió el 21 de junio con el nombre de Agustín I. Al ya sesionante Congreso se incorporó, el 3 de agosto, José Cecilio del Valle, representante por Tegucigalpa; dos días después fue electo individuo de la Comisión de Constitución. El 24, es decir, a los 19 días, se granjeó la Vicepresidencia de la Asamblea; dos días más tarde no era más un legislador en uso de privilegios, era un reo desprovisto de derechos por haber defendido la Constitución contra el despotismo de Agustín I. Fue apresado y a poco el mismo Congreso fue disuelto; de monarca constitucional, Agustín I se trocó en absoluto.

Entre tanto, Filísola, jefe del gobierno guatemalteco, que siempre incluye el de las restantes provincias de Honduras, Salvador, Nicaragua y Costa Rica, recibe órdenes de someter a la provincia disidente que continúa siendo El Salvador. Con este motivo, sometió la vecina ciudad de Santa Ana con la colaboración de tropas hondureñas que le había provisto el representante Lindo por Comayagua al Congreso de México. Con el nombramiento imperial, recientemente de Jefe Político Superior e Intendente de Honduras, había regresado Lindo a Comayagua. Éste, entre otras medidas culturales, había abierto la primera escuela para dictar rudimentos de religión católica, ortografía, urbanidad y buena crianza. A falta de la Filísola, con la tropa arrimada por Lindo, se colocó a cuatro leguas de San Salvador y allí hizo circular un decreto imperial por el cual dividía las provincias en tres Comandancias Generales: Chiapas, Guatemala y León. Como todas las medidas imperiales dictadas por Agustín I, nada se cumplió.

El jefe de la plaza de El Salvador y Vice-Jefe del Estado era el Gral. José María Arce. Filísola estaba a las puertas desafiándole, y cuando entró, hacía ya dos meses que había estallado en Casa Mata de México un movimiento que habría de derrocar a Iturbide y, por consiguiente, desplomaba toda la telaraña que Filísola venía tejiendo. En efecto, 13 días después de la entrada de Filísola en San Salvador, el diputado por Tegucigalpa en México, José Cecilio del Valle, dejó su celda de prisionero para reemplazarla por el Ministerio de Relaciones Exteriores de Iturbide en forma forzada. Un evento histórico tuvo: sorteó la tormenta que se iba a desencadenar contra el imperio; consiguió que Iturbide abdicara.

Con la desaparición de Iturbide, sale el sol. Renacen las estrellas, ocultas por un cielo ensombrecido. Los conservadores pierden su salvación, pues perdido el régimen de las Cortes españolas y la Casa de los Borbones, pierden ahora el imperio improvisado con una dinastía advenediza que se fragua por su cuenta.

Muchos números han aparecido en escena: pero el primer actor sólo ha representado papeles deslucidos. Los que se señorean de la escena no han reparado en él, ignoran su técnica de actor. Permanece él pasivo, entre bastidores: espera el minuto culminante de los acontecimientos para aparecer. Nadie presiente ni el dramatismo subjetivo contenido en él, ni la fuerza que va a brotar de los episodios mismos, menos —repetimos— este actor que acabará por imponer su juego y dominio sobre los demás.

Pero antes de que eso ocurra, bueno es seguir las últimas escenas que prepara el clima y así tendremos todos los hechos tomados para entender su papel.

ANEXIÓN Y SEPARACIÓN DE MÉXICO

Hemos dejado a Filísola apoderado de la plaza de San Salvador. Pero también hemos asistido a la abdicación de Iturbide. Sólo se necesita, pues, que el primero tome conocimiento de lo segundo para que el águila imperial que obscurece la luz recoja sus alas y desaparezca del horizonte, y entonces la emancipación del Reino de Guatemala ya no tenga amenazas. Veamos si esto se cumple, pero antes aquella diminuta provincia de la patria sufrió tantos desgarrones de historia viva, que resolvió negociar (negada la ayuda de las otras provincias en defensa contra un imperio durante 16 meses) su anexión al gobierno de Norteamérica. No transó éste, afortunadamente: propuesta que a ambos países habría deshonrado, y en particular a la que, por comprensible desesperación, se inmolaba civilmente.

Entre tanto, como insinuamos, se levantó en México la guarnición de Veracruz al mando del militar Santa Anna y, tras derrocar a Iturbide, proclamó la república. Todo esto supo finalmente Filísola, y dando grupas a sus planes llegó a Guatemala y, haciendo uso de la jefatura que aún ostentaba, emitió un decreto, convocó a elecciones de diputados para el Congreso ordenado en el Acta de Independencia y que legalmente era el llamado a revisar el funesto pacto de su anexión a México. Lo hacía —explicaba— por ser comunes sus centroamericanos intereses. Esto acontece el 24 de junio de 1823, es decir, no desfilan aún dos años salpicados de zozobras desde aquel auspicioso 15 de septiembre de 1821 en que, desterrado el régimen español, hubo amago de alumbramiento de libertad.

Aparece de nuevo la esperanza. Son 18 meses de extravío. Los soñadores de la independencia Pedro Molina, José Francisco Barrundia y Fernando Antonio Dávila, presentaron a Filísola una exposición de principios sobre la justicia de que el Reino de Guatemala recobrase incondicionalmente su separación. La convocatoria de Filísola, previa a su alejamiento del poder y regreso a México, reunió a 41 hombres eminentes en una asamblea histórica. Del Palacio de los Capitanes Generales, esto es, el nuevo Palacio Nacional, avanzó Filísola con aquellos varones consulares hacia la antigua catedral. Allí oraron. Y es creencia que los padres de la patria le postraron su devoción filial, emocionada y tierna.

De esta reliquia arquitectónica salieron cabizbajos y caminaron al edificio de la Universidad, que era el cobijo augusto entre cuyos muros deberían ampararse para sesionar. Después de la ceremonia inicial, el ilustre Dr. y Prelado D. Matías Delgado, padre —si alguno tenía títulos a llamarse de la independencia— y varón de fe terrena o extraterrenal y presidente de la asamblea, dio principio a la fórmula de instalación, quedando en funciones el cuerpo legislativo, el primero en su historia. Era aquel lugar, aquellas caras y aquel ambiente muy sencillo, casi humildes, y sin embargo se respiraba allí un clima grave de orgullosa dignidad. El primer acto fue emitir un decreto.

Fue un golpe asestado al federalismo, allí también e infortunadamente representado por algunos miembros. Aquella así denominada Asamblea Nacional Constituyente firmó aquel decreto en un 1° de julio de 1823, y de cuya naturaleza puede juzgarse por su artículo primero: "Que las expresadas provincias (de Centroamérica) son libres e independientes de la Antigua España, de México y de cualquier otra potencia así del antiguo como del nuevo mundo, y que no son ni deben ser patrimonio de persona ni de familia alguna." Según redacción del diputado por Santa Ana, Don José Francisco Córdoba, que al igual que el antiguo Auditor de Guerra, el sabio Valle, compartió esta vez el honor de redactar el testimonio histórico.

Una rama, sin embargo, quedó separada del viejo tronco, ella fue Chiapas, que optó por permanecer uncida al carro de México y, en consecuencia, estuvo ausente en aquel congreso que a sí mismo se denominó Asamblea Constituyente. Este cuerpo, entre otras medidas, decidió que todos los Estados reunieran sus respectivos congresos y que sus pueblos procedieran también e inmediatamente a nombrar sus respectivos jefes. En Honduras salió electo un hombre que ya conocemos como primo hermano del sabio Valle, como padre espiritual de Morazán y como la primera figura del movimiento insurgente en Honduras, el Lic. Dionisio Herrera.

Esto ocurría el 16 de septiembre de 1824, fecha en que Herrera tomó posesión del mando, nombrando de inmediato a Morazán como su secretario general.

Tienta la fantasía averiguar cuál sería, años andando, la sorpresa de Herrera al descubrir a aquel que, bisoño, vio venir y comprendió, instalado ahora en la presidencia federal como su jefe. Un padre espiritual como uno carnal no puede predecir, pero tampoco puede dejar de compartir la gloria.

Muchos hilos seguimos atando y, cuando estén tensos en un solo nudo, servirán de apoyo a la virtual y funcional omnipotencia de Morazán: junto a sus pálidas andanzas y arrestos de insurgente consubstancial con su amor a la justicia, se vincula esta vez a un gobierno de provincia; este cargo le capacita para reaccionar contra las potenciales arbitrariedades, burla de la constitución y derechos recientes del nuevo primer gobierno central. Pero no nos adelantemos a los funestos acontecimientos. Antes debe uno saber quién integraba este gobierno culpable de lanzar la chispa en que de nuevo se abrasó como un Cristo en llagas la emancipación de España, caída esta vez en las llamas imperiales de México, para precipitarse por tercera vez en las cenizas no apagadas que quedaban del absolutismo español.

Emitido el decreto a que arriba hicimos referencia, se creó un triunvirato para el ejercicio del Poder Ejecutivo; fueron nombrados D. Manuel José Arce, D. Pedro Molina y D. Francisco Córdoba, diputado por Santa Ana y autor del decreto de restauración de la soberanía. Todavía en los oídos de los miembros de aquella asamblea latía el oleaje de las pasiones en que reñía Guatemala y las provincias (identificada aquélla con el clero y la aristocracia, quienes hasta hacía un minuto habían conseguido la unión a México bajo la corona de Agustín I en contra de los que ahora se habían desprendido de México, es decir, el partido que pertenecía al pueblo y que aspiraba a la República bajo las formas democráticas). Todavía se sentía el latido de aquella reñida disputa entre los estados y la aristocracia guatemalteca y que acababa de dar por resultado el triunfo de la República.

Precisamente, a raíz de ese triunfo (alcanzado en combates articulados en actos bélicos o en polémicas de periódico o de palabra; lo mismo durante la declaración de independencia en 1821 que durante la anexión a México; particularmente entre el Cura Delgado y Gainza, que ahora mismo después de la anexión en que una Asamblea Constituyente se acababa de instalar para rivalizar con dos corrientes de opinión distinta: triunfaron los liberales), el tema era el sistema de gobierno que convenía y los liberales propusieron el régimen federal por dos causas: (1) para que todos los Estados tuvieran igual valimiento dentro del seno de la Nación y (2) para impedir la repetición de la intentona monárquica ya que fueron los liberales contra quienes se hizo la guerra del imperio, especialmente en la provincia de El Salvador que profesaba la separación de México como antes habían conseguido la separación de España.

En ese instante, no pudieron discernir sobre ulteriores inconvenientes en este sistema. No pudieron deducir que a fines del mismo siglo, un estadista como Ramón Rosa dijera con la experiencia a su favor: "Las instituciones federales crearon un poder nulo y abrieron amplio campo a las desapoderadas ambiciones del caudillaje. Ni el genio de Morazán fue bastante a subsanar el error capital de los legisladores federales del 24". Pero este mismo error de materia deleznable para esculpir una estatua y por lo cual la obra se desploma una vez concluida, no disminuye sino que acredita más al escultor. He aquí lo que el propio Rosa afirma: "¡Cuán grande y cuán desgraciado fue el General Morazán! Da lástima contemplar los esfuerzos de su genio y verlo purgar, con sus sacrificios, ajenos errores"...

Pero Morazán mismo no era una fuerza, aunque brillante, ciega, pues se daba cuenta de la falla de un régimen admirable, pero inadecuado para una sociedad incipiente por su carencia de responsabilidad individual, así como de cultura política. He aquí en su propia pluma un testimonio que ilumina las fallas del federalismo en el caso de la América Central. "Hablo de la supremacía que corresponde a los estados. Supremacía más eficaz que la de la federación, puesto que se ejerce, como se vio entonces, al arrimo inmediato del pueblo, en lugar que la otra sólo tiene por apoyo la ley y el convencimiento de unos pocos ciudadanos a quienes su ilustración, etc...."

En la cita anterior, el prócer alude al art. 10 de la Constitución federal en que se concede a los estados: "Cada uno de los Estados que componen la Federación, es libre e independiente de su gobierno y administración interior y les corresponde todo el poder que por la Constitución no estuviese conferido a las autoridades federales", artículo que fue adoptado no en su espíritu, sino en su letra y del cual abusó el caudillaje que acabó con la federación.

En estas condiciones, sin embargo, la federación fue decretada. Los conservadores (clero y aristocracia) buscaron la revancha y hasta se produjo la asonada del Capitán de Granaderos Ariza, que hizo posible una alteración en el ejecutivo en las nuevas personas del Valle,

Arce y O'Haran. Pero de nuevo los conservadores usaron recursos manifestando que no querían un gobierno que participara en todos los Estados por serles perjudicial a su conveniencia feudalista. La consecuencia fue que de aquí en adelante las dos corrientes quedaron definitivamente diferenciadas, como se puede ver en este cuadro sinóptico, discrimen, ítem o registro:

Libertad	Absolutismo
Liberalismo	Conservadorismo
Morazán	Aycinena
Revolución (soberanía)	Tradición (colonia)
Pueblo	Clero y Aristocracia
República	Imperio
Régimen Constitucional	Anarquía
Gobierno Federal	Gobierno Unitario
Unidad (unión)	Sistema separatista
Democracia	Autocracia y teocracia
Independencia	Protectorado
Pro-América	Pro-España
Ciudadanía	Oligarquía
Pequeña burguesía	Feudalismo
Derechos	Títulos

Se formó una comisión para redactar la Constitución de la flamante República y de ella formó parte otro camarada de Morazán, D. Francisco Antonio Márquez: con su traza de avisado sacerdote, letrado y constitucionalista, limaba asperezas como las medidas conciliatorias aplicadas para aliviar el disentimiento entre Tegucigalpa y Comayagua.

Había bebido el espíritu de las constituciones de Estados Unidos y Colombia y no era la suya una naturaleza fría y doctrinaria, sino vital y comunicativa. Mucho influyó a que, la constitución adoptada, hubiese un genio popular representativo y federal en oposición al bando motejado de servil que la quería inexistente para medrar de sus feudos con un gobierno extraterritorial y, por consiguiente, sin representación popular, el enemigo de los privilegios... Sancionada que fue esta primera constitución federal, sus corolarios fueron las provincias convertidas en estados.

La asamblea, como dijimos, sancionó un decreto para el nombramiento de Jefe y Vice-Jefe. En Honduras, con D. Dionisio Herrera, fue electo D. José Justo Milla, que a su ascendencia española ofrecía un carácter pleno de soberbia y absolutismo. Sus ideas naturalmente diferían de las de Herrera, y acusado de fraude, pues él debió querer ser electo jefe, huyó a Guatemala y no volvió sino en tren de agente de la arbitrariedad impuesta por el gobierno federal. El 22 de noviembre de 1824 fue firmada la Constitución y el 23 de enero de 1825 aquella primera Asamblea Constituyente de Centroamérica dio fin a sus sesiones.

Con una constitución como clave de orientación para cumplir con el espíritu y la letra de las instituciones del país, el 6 de febrero de ese mismo año, se instaló en Guatemala el primer Congreso Federal. Se emitió un decreto esclareciendo que las asambleas de los estados estaban inhibidas para examinar toda providencia o resolución emanada de las autoridades federales. Cumplido esto, el pueblo se ocupó de elegir las autoridades supremas y así se tiene que el 24 de abril del mismo año de 1825, el Gral. D. Manuel José Arce, antiguo Jefe del Estado de El Salvador y probado defensor de la independencia, fue elegido para escalar la primera magistratura. Pero una nueva dificultad se agazapa en la sombra.

El Vicepresidente Beltranena es de notoria filiación conservadora y responde a los intereses afectos al régimen español, pues cuando se propuso para ese mismo puesto al sabio Valle, éste no aceptó porque, como competidor de Arce para la presidencia, había sido víctima del fraude. Pero estos conjuros no desvelan a Arce y empieza a gobernar, es decir, a trastornar el orden. Aparentemente, la América Central, al constituirse en una nación orgánica, había dejado de ser solamente expresión geográfica para tener una categoría espiritual... Sin embargo, no era así, pues de la vida colonialmente inerte y pasiva, nació no el orden sino el caos. Beltranena logró influir sobre Arce, cuyas convicciones eran más bien fruto de una actitud de luchador temperamental y no de un previo convencimiento de la bondad de las instituciones democráticas. El presidente se sometió a los manejos de las fuerzas reaccionarias, conculcando la constitución.

Pero antes de entrar a explicar la extraña y arbitraria conducta del primer presidente, hecho que ocurre en 1824, bueno es que volvamos atrás y veamos qué ha sucedido con Morazán, de quién no tenemos noticias desde 1822, en que se le encomendó una misión a la ciudad de Gracias; fue detenido en Comayagua como sospechoso de insurgente o como comprometido en la comisión misma, de la cual ya tenía conocimiento el gobierno de Don José Gregorio Tinoco en Comayagua. Antes de este hecho en 1821, también lo hemos visto como capitán de una de las compañías y luego como teniente del comando del primer batallón para la defensa de Tegucigalpa, amenazada por el jefe Tinoco de Comayagua. Pues bien, después de estas dos apariciones, esto es, en 1823 ya su voluntad estaba empeñada en la vida pública.

Al año siguiente, 1824, el nuevo jefe de Honduras y hombre que le había dado el espaldarazo, D. Dionisio Herrera, lo nombró Secretario de Estado y del Despacho General, confirmándole así su absoluta confianza para desempeños de orden civil, militar o político.

Al empezar el año 1825, Morazán todavía continuaba sirviendo las funciones de que acabamos de dar cuenta; sin embargo, es una época aciaga; la federación, como acabamos de ver, se ha instaurado, pero también al cumplirse el primer año, es decir ahora en 1825, ha empezado a dar síntomas de descomposición y trastorno.

En este año precisamente de 1825, Morazán alcanza la edad en que a Jesús lo crucifican, pero con sus 33 años todavía no está al frente de ningún gobierno ni de ningún movimiento revolucionario, es simplemente el brazo derecho del Jefe del Estado de Honduras, Lic. Don Dionisio Herrera. En este cargo, sin embargo, tiene alto desempeño. Se produce la necesidad de que el Gobierno se instale en la capital, Comayagua, y tanto Herrera como Morazán se trasladan, pero al hacerlo arrostran no sólo el odio localista contra los hijos de Tegucigalpa, sino el reaccionario contra dos decididos liberales y republicanos. Esto trae cierta agitación y en Tegucigalpa misma se produce una conspiración fraguada desde Comayagua por el elemento clerical y español, y por adictos a la corona en connivencia con el alcalde y comandante de Tegucigalpa, Guadalupe Lagos e Ignacio Córdoba, respectivamente. Morazán interviene y restablece la tranquilidad.

En este mismo año, Morazán distribuía su tiempo atendiendo los deberes de su importante función y haciendo vida social, ya que su simpatía y don de gentes le acarreaban compromisos en los salones de la mejor sociedad colonial que él no podía eludir. Fue en este mismo año de 1825 cuando la Sra. María Josefa Lastiri, que sólo tenía 20 años de edad y que gozaba de renombre por su cultura social y belleza, enviudó del rico propietario D. Esteban Travieso después de siete años en común, aun cuando su joven esposa le había dado cuatro niños. Morazán, que gustaba de ella tanto como ella de él en forma platónica, pensaron acaso realizar su mutua simpatía en coyunda de unión matrimonial, pues si ella tenía hijos, contaba 20 años de edad y una espléndida fortuna; él, 33 años y un porvenir brillantísimo que acabaría por hacerlo el más importante de su país. Fue también en este año cuando se decretó la constitución del Estado de Honduras, según hemos dicho, y al lado del constitucionalista y Jefe de Honduras D. Dionisio de Herrera, Morazán firmó esta que sería la primera carta magna del país.

Otras gestiones realizó este Secretario General, a pesar de la falta de resortes, en el progresista gobierno del Lic. Herrera y en particular el incremento dado a los ramos de minería y hacienda. Entre tanto, el vicejefe del gobierno Don José Justo Milla, descontento y zahareño, continuaba en Guatemala. Dos causas le habían alejado: su malogrado afán de presidir él la jefatura del gobierno y su notoria filiación monárquica, ya que era fruto espiritual de la semilla reaccionaria a favor de España. Por otro lado, en Guatemala sus ideas encontraban clima más adecuado para su desarrollo.

La Asamblea Constituyente dividió este año el territorio en siete departamentos, a saber: Comayagua, Tegucigalpa, Gracias, Santa Bárbara, Yoro, Olancho y Choluteca. Pero también en este año de 1825 se estableció un Consejo Representativo que se compondría de cuatro individuos, debiendo haber dos suplentes, cuerpo que el propio Morazán integró más adelante. A tanta euforia de progreso para un primer gobierno constitucionalmente republicano, bueno es añadir que en esta fecha se decretó el escudo de Honduras y se dictó el presupuesto de gastos, que arrojó la calamitosa suma de 79,294.00 pesos.

Al comenzar el año 1826, Morazán había adquirido casi tanta popularidad en la buena sociedad de Comayagua como en la de Tegucigalpa; esto le favorecía, pues en Comayagua cimentaba más arraigadamente la tradición de las severas costumbres sociales de la colonia española. En Tegucigalpa, la explotación de minas había hecho posible el surgimiento de nuevos ricos, sin apellido ni nombre. Por otro lado, creyeron los aristócratas de Comayagua, sin excluir al clero, que atrayéndose a Morazán, lograrían influir y salvaguardar sus intereses y privilegios de la amenaza liberal del Gobierno. Cuando se supo que de la ilusión platónica entre Morazán y la viuda de Travieso se adelantaba en visitas y hasta ausencias de Morazán al deporte favorito que era aventurarse errando a caballo por las tardes, la sociedad armó cuchicheos.

Es verdad que se censuró la imprudencia de la viudita y los avances del funcionario, que además del poder político y social tendría el solio que le fraguaba el dinero de su bella esposa. No era un amor platónico, sino que era una corriente de erótica atracción, como luego se descubrió y hasta con suma sorpresa y no cierta envidia, porque jovencitas de Comayagua que no eran viudas ni tenían niños pensaron atraer a Morazán en sus redes. Esto, sin embargo, no ocurrió. El casamiento de Josefita Lastiri (como se la llamaba) con Morazán se juzgó como un hecho cierto e inevitable. El propio presidente D. Dionisio de Herrera fue padrino de bodas.

—Va Ud. a llevar una vida muy sosegada y tranquila al lado de una dama de virtudes hogareñas —le decía el anciano padre de su amigo Trinidad Cabañas. Ignoraba el buen señor que aquel dulce refugio de amor sólo iba a servir para insuflarle más ímpetu, cada vez más fuerza para aliviar el peso de cien batallas y no poder gozar sino del minuto peligroso y escondido con que siempre lo esperaba su bella compañera. No tenía tiempo Morazán ni siquiera para administrar los bienes de su compañera, que estuvieron al cuidado de un administrador rentado.

Ya él no era un simple Secretario General, sino que había investido la presidencia del Consejo Representativo en atención a que el jefe Herrera también había confiado a su capacidad y confianza esta gestión.

Era imposible que cumpliera un destino de esposo o padre de familia, ya la historia lo obligaba a servir un papel de protagonista de la historia de la América Central. Su voluntad no era suya, estaba subordinada a la historia política de su país.

Pero es bueno que volvamos la vista hacia la capital, pues lo que aquí ocurre suele ser efecto de un resorte político puesto en movimiento allá.

Acontecimientos políticos y de carácter alarmante habían ocurrido en Guatemala.

Casi con tanta pena y tristeza como la que sintió Josefita Lastiri, le vemos partir, pues cuando esperábamos una escena de amor en pago a los méritos y cuidados del protagonista que tanta simpatía nos despierta, encontramos que él, como otros, no es dueño de su destino y que la gloria roba a estos héroes de los brazos de sus propias esposas.

IMPLANTACIÓN Y DESQUICIAMIENTO DE LAS INSTITUCIONES

El propio presidente de la República, guía de las instituciones de gobierno, paradójicamente fue el gozne sobre el cual giró el desequilibrio de éstas. Tal anomalía desquició nuestra historia porque el primer presidente carecía de moral cívica. La consecuencia se produjo con el diferendo entre la vida política y el carácter de los organismos de la nacionalidad. Cuando se esperaba que el funcionamiento de las instituciones iba a regir, apareció su negación: violación de la ley; aparición del caudillaje; burla del espíritu y de la letra constitucional que anulaba resabios; que proscribía arbitrariedades o procedimientos que no fueran los de la palabra jurada por el propio Presidente. Se produjo, pues, disconformidad entre leyes juradas y modo de aplicarlas.

Providencialmente, existe entre verdad y mentira una dimensión: el error. Pues bien, eso no existió en el caso particular. Hubo falsía y, con más propiedad, delación. Defender un concepto erróneo con profundo e íntimo convencimiento como un evangelio, no es mentir ni engañar. Pero no fue esa la postura espiritual de Arce. Cambió de ideas políticas y violó juramentos constitucionales, luego se convierte en transgresor de las leyes y acaba por la conculcación del derecho de sufragio. Y la paradoja de estos errores conduce a que facilitan a Morazán su aparición en escenario: sin ser Arce, conculcador, no aparece Morazán, restaurador de la ley. Pero antes de establecer en qué consistieron las arbitrariedades de Arce (primer presidente de la república federal), debemos puntualizar que como resultado del instrumento que podría denominarse segunda acta de independencia, se dictó un decreto disponiendo la retirada de las tropas mexicanas. Cumplida esta providencia, se constituyó la Asamblea que tanto discutió sobre la forma de gobierno.

Esta asamblea hizo una labor evidentemente regeneradora: abolió títulos nobiliarios, tratamientos de majestad, alteza, excelencia, señoría y Don, reponiendo todo ello por el menos elegante, aunque fundamental para la república: ciudadano. Los mismos poderes públicos se denominaron: Asamblea Nacional Constituyente,

Supremo Poder Ejecutivo, Alta Corte de Justicia. También instauró el escudo y bandera. Al pie del primero se grabó la leyenda alusiva a la patria nacida de la unión de pequeñas provincias: "Provincias Unidas del Centro de América". Pero hubo una medida que trascendió en alcance nacional para convertirse en problema de carácter universal e histórico: la libertad de los esclavos. Posiblemente, para países colocados a gran distancia en el globo o en la historia, menos interés tenga el pronunciamiento popular, representativo y federal de este gobierno que el de anular en su primera asamblea constitucional la esclavitud como lacra o mácula del género humano. Esto último excede lo puramente específico de un gobierno para volverse medida de civilización, preocupación por el género humano.

Pero más patético y elocuente resulta si lo contamos en su forma efectuada. El diputado propinante, enfermo, moribundo, acudió a la cámara y mocionó. Dijo que si aquel fuese su último acto, satisfecho y tranquilo de su proceder estaría. Pidió en esta forma abolición como régimen social de la esclavitud y fundamentó así: "Se declaren libres nuestros hermanos esclavos". La moción fue aceptada por aclamación.

Mientras tanto, ya dijimos, tomaron posesión Arce y Beltranena, presidente y vicepresidente; ello ocurrió el 25 de abril de 1825. Terminó el año de cualquier forma. Al empezar 1826, Arce, primer presidente de la primera y única república federal en el istmo centroamericano, se incorporó a los nobles y al clero, hizo traición a su partido, conculcó la Constitución que había jurado sostener. Pero en realidad a sí mismo se traicionó; él, que había luchado en defensa de El Salvador contra el imperialismo de Iturbide; él, que había ido a Nicaragua a luchar por la independencia; él, que era militar liberal y militante de ideas republicanas. Todo lo negó: fue culpable de la intromisión, superposición e interferencia. Esto tenía por objeto cambiar el sistema federativo en unitario, lo que propiciaban el clero y la aristocracia.

Para imponer su plan y negar las instituciones cometió tres arbitrariedades: redujo a prisión al jefe del Estado de Guatemala, Barrundia; desalojó de su puesto al jefe del Estado de Honduras, Herrera; y revolucionó al Salvador. Razones accidentales contribuyeron a los primeros, aunque no fue la causa: dos poderes (el estadual y el federal) tenían su sede en la misma ciudad de Guatemala y se hostilizaban mutuamente. Causas accidentales y por consiguiente no esenciales contribuyeron a su vez a que esto se materializara. Veamos éstas: a) Nicolás Raoul, militar francés por su nacionalidad y preparación técnica, fue encomendado por Barrundia para cumplir una función militar. Pues este hecho sin disimulo lo juzgó imbuido de malicia Arce. El hecho de que ya sintiese las dentelladas de su conciencia le atemorizaba ante posibles, pero en el caso particular, inexistentes amenazas. Por este simple temor infundado redujo a prisión al jefe del

Estado de Guatemala, Barrundia, acusándolo de conspiración.

Permítasenos transcribir la opinión del propio Morazán, quien juzga que por causas opuestas, paradójicamente Arce fue apoyado en su elección de presidente por los dos partidos en pugna. He aquí el parecer de nuestro protagonista: "La elección de Presidente de la República hecha por el congreso en el ciudadano Manuel José Arce, contrariando el voto de los pueblos, que dieron su sufragio al ciudadano José del Valle fue, en mi concepto, el origen de las desgracias de aquella época. Los partidos concurrieron a ella. En el uno se hallaban los más ardientes defensores de la independencia y los mejores amigos de la libertad. Éstos dieron sus votos para que sostuviese la Constitución Federal, que era obra suya. Se encontraba en el otro los enemigos de esta constitución (los Beltranena, los Pavones), los amigos de la dependencia española (los frailes, el arzobispo y los Aycinena) y los que unieron la república al imperio mexicano (los mismos Aycinena).

Éstos le dieron sus sufragios con la esperanza de que cooperase a la variación del sistema. Ambos bandos tenían motivos de confianza en su candidato. Aquél citaba en su apoyo la conducta que el ciudadano Manuel José Arce había observado en favor de la independencia. Éste tenía por garantías la opinión que el mismo Arce manifestó desde México al Padre Obispo Delgado, con respecto al sistema que convenía a Centroamérica y las que conservó siempre contra el federalismo, que no daban a la verdad las mejores seguridades de su buen modo de proceder en el Gobierno". Luego Morazán añade que se pueden sacrificar opiniones personales en aras del cumplimiento del deber por parte de un funcionario, pero que a menos que se quiera rebajar la propia dignidad no se puede violar un juramento, menos una palabra jurada ante las mismas instituciones. Todo lo cual viene a ratificar que en opinión de Morazán, el presidente dislocó la vértebra dorsal de la federación centroamericana y paradójicamente desencadenó como una tromba marina la irrupción de Morazán en escena. (Se nos desvaneció una patria, es verdad, y nos queda un héroe, arquetipo que nos señala la norma para restaurarla).

Terminada la anterior digresión, retomamos el hilo: reducido a prisión Barrundia (Jefe del Estado de Guatemala), Arce decidió que ocupara el puesto el vice-jefe Cirilo Flores, médico de profesión y como carácter político, desconocido. En puridad de verdad, insospechado de su coraje y aplomo para resistir la arbitrariedad; tampoco se creyó en su tacto para sortear el mal. Esto último lo demostró removiendo la sede de la capital estatal. Se dirigió a la villa de San Martín Jilotepeque y posteriormente a la ciudad de Quezaltenango y estableció allí el Gobierno. Esta medida en vez de ser juzgada en su propósito, se le juzgó igualmente como viciada de beligerancia. Frailes fanáticos difundieron la especie de que el vice-jefe, un ateo, preparaba una guerra religiosa. Ni una ni otra cosa eran ciertas. Se alzaron las mujeres crédulas para desenmascarar a quien actuaba sin máscara. Le espetaron a la cara: "muera el hereje", etc. Por salvarle la pelleja, dos curas prudentes lo escondieron bajo el santo cobijo de la iglesia y la muchedumbre religiosa asaltó la puerta y contra la imagen del Señor, diz que en su honor, mancháronla de sangre extraída de la víctima. No hubo mejor prueba de que, sumidos de fanatismo, la religión era la víctima más grande de los supuestos religiosos.

Allí en la iglesia murió aquel defensor de la libertad, atacado por los enemigos de ella, la que es precisamente atributo de la religión misma.

Poco después Arce disolvió el Congreso emitiendo un decreto en que se pretendía una justificación.

"Que el Gobierno del Estado de Guatemala, conspirando contra el General de la República, ocupó rentas federales, levantó y organizó la guerra civil en auxilio de un extranjero criminal, para impedir el ejercicio de las facultades gubernativas y de las judiciarias de las autoridades de la federación, atacando a sus tropas y protegiendo el crimen de desobediencia y de insubordinación, bajo el pretexto de sostener las leyes fundamentales, cuando contra ellas mismas se obraba de un modo directo, y la Asamblea y el Jefe destruían la Constitución federal y la particular de Guatemala, arrogándose y ejerciendo un poder discrecional e ilimitado. Que el mismo

Gobierno, perseverando en sus planes de conspiración, continúa levantando fuerzas contra las prohibiciones constitucionales, y de un modo arbitrario y violento; administra los caudales del Estado privadamente sin orden ni regla; ataca la propiedad particular, haciendo exacciones forzosas, sin ser generales ni estar proporcionalmente distribuidas; y por fin, pone las armas del Estado en manos de extranjeros y desertores, en sólo la mira de destruir el Gobierno Nacional; contrariando con esta conducta la opinión de los pueblos, manifestada con hechos positivos, especialmente en varios de ellos que han resistido las órdenes de sus autoridades".

No menos torcida era la forma de justificar la disolución del Congreso, aduciendo haber convocado a secciones extraordinarias sin asistir la mayoría de los representantes. Cosa absurda, pues no se acordó el tiempo suficiente a fin de formar quórum. En cuanto a la intervención del Estado de Honduras y la posterior intervención en Nicaragua, el Presidente Arce también aducía explicaciones que no anulaban el escarnio.

Como resultado de tanto desconcierto, el vice-jefe del Estado de El Salvador, Don Mariano Prado, que ejercía accidentalmente el puesto del titular, Don Juan Vicente Villacorta, dictó un decreto impugnando la conducta del Ejecutivo Federal e instando a los gobernantes de Honduras, Nicaragua y Costa Rica a empuñar el arma para garantizar el imperio de la constitución. Se convocaba al propio tiempo a un congreso que debió reunirse en Ahuachapán en octubre. Pero los resultados fueron nulos; y en tal situación el vice-jefe Prado envió fuerzas al mando del Coronel Ruperto Trigueros a preservar el orden de Guatemala.

Al tanto Arce de este movimiento, dejó en sus funciones al Vicepresidente Beltranena y se apresuró a hacer frente a las fuerzas invasoras. El ejército salvadoreño fue derrotado en la batalla de Arrazola.

Estos acontecimientos dieron pie a una guerra civil. Desde que Beltranena quedó a cargo de la Presidencia, Aycinena, electo sin consenso general para sustituir a Barrundia, acometió la idea de preparar un ejército capaz de proseguir la guerra con éxito. Es así como en breve tiempo logró reunir 3,000 voluntarios. Favoreció a Aycinena el proceder del Jefe del Estado de Honduras, don Dionisio Herrera, quien era opositor a Arce. Al mismo tiempo, esta actitud de Herrera hizo que el vice-jefe hondureño, don Justo Milla, enemistado con Herrera, se levantara en su contra y lo tomara prisionero, remitiéndolo a Guatemala.

Mientras tanto, Arce capitaneaba sus tropas camino de El Salvador, ordenando el ataque a la capital, pero fue derrotado en la batalla de Milingo. Prado, que parece ser no se sentía con las suficientes fuerzas o bien porque desease la paz, propuso a Beltranena un arreglo.

Mientras tanto, a Milla las cosas no se le presentaban favorables, dado que del sitio que había impuesto a Comayagua, logró escapar Morazán, que salió de Honduras para Nicaragua y en León consiguió reunir 135 hombres con los cuales se dispuso a hacer frente a Milla; y en Trinidad logró una gran victoria, trasladándose después a Comayagua y ocupando el gobierno.

Se siguieron sucediendo las luchas, siendo el punto principal la invasión del Salvador.

Morazán, que aún continuaba siendo Jefe del Estado de Honduras, tuvo noticias del sitio a que estaba expuesta la ciudad de San Salvador, por lo tanto dejó en su lugar a don Diego Vigil y salió de Comayagua al frente de una tropa. Invadió al Salvador con objeto de auxiliar a Prado.

Mientras tanto Arzú (sustituto de las fuerzas que capitaneaba y que después había abandonado el Presidente Arce, quien renunció al comando militar y al ejecutivo), al conocer la actitud de nuestro héroe, dejó en su lugar al Coronel Montúfar siempre sitiando a San Salvador y se dirigió a la frontera de Honduras. Estas fuerzas al encontrarse en Gualcho, se trabaron en rudo combate del cual salió victorioso Morazán. Pero por disminución de sus fuerzas, tuvo que volver a Honduras. Esta victoria de Morazán dio aliento a las fuerzas sitiadas y es así que de sitiadas se volvieron sitiadoras y lograron derrotar al Coronel Montúfar en Quezaltepeque, tomándolo prisionero. En esta forma terminó la tercera tentativa guatemalteca de apoderarse del Salvador.

La situación se tornó complicada para Nicaragua y Costa Rica, las cuales se vieron envueltas en una guerra civil durante seis meses, pero luego con un triunfo pasajero de Argüello, vice-jefe de Nicaragua, el que mandó a fusilar a su contrincante, quedó casi conjurada la contienda.

Después de rehacer sus fuerzas Morazán se dirigió al encuentro del coronel Aycinena quien había quedado al mando de las tropas de

Arzú. Al encontrarse en San Antonio y verse Aycinena impotente, capituló. Luego a fines de enero, con 2.000 hombres Morazán invadió a Guatemala. El Presidente de la República, don Mariano Beltranena, al tener noticias de los movimientos de Morazán, puso tropas al mando del coronel Vicente Domínguez, para que enfrentara al invasor. Aycinena, al verse perdido, propuso un armisticio, pero Morazán solicitaba la rendición, cosa que se cumplió y el día 12 de abril de 1829, Morazán entró triunfante en Guatemala. Desde este momento Morazán ejerció un gobierno constitucional desterrando del país a los miembros del gobierno depuesto.

Convocó al Senado y a los Congresos federales que habían sido disueltos por Arce. Entretanto se convocaba a elecciones; se designó Presidente Provisional a don José Francisco Barrundia, mientras que su hermano (por delicadeza de consanguinidad) dejó la Jefatura del Estado y la Asamblea nombró como sustituto a don Pedro Molina.

En tanto el Estado de Honduras, bajo la presidencia de don Diego Vigil, había permanecido tranquilo. Pero en noviembre de 1829 estalló un movimiento encabezado por los conservadores. Los intentos de sofocación por parte del jefe resultaron estériles; al verse perdido llamó a Morazán en su ayuda quien, al mando de una pequeña fuerza, logró derrotar a los insurrectos.

Regresó luego a Guatemala. Las elecciones dieron como candidatos a Francisco Morazán y a don José Cecilio del Valle, pero faltando la cifra que la ley exigía, se pronunció el Congreso, resultando electo Francisco Morazán.

La administración gubernamental de nuestro héroe fue bastante agitada debido a las conspiraciones que efectuaban desde el exterior personajes públicos que habían sido desterrados.

En el año 1832, simultáneamente en Honduras, El Salvador y en Soconusco estallaron movimientos revolucionarios. Por lo tanto, Morazán se dirigió en primer lugar a El Salvador, donde logró derrotar a Cornejo. Lo mismo hizo el Gral. Nicolás Roaul, encomendado por Morazán en Soconusco, y en Honduras don José Antonio Márquez logró dominar a los facciosos. En esta forma quedó restablecido el orden en la República. Todo lo que acabamos de narrar a partir del combate bélico de Arrazola, entre el Presidente de la República y el Jefe de Estado de El Salvador, es tan somero, tan ceñido y esquemático, que cuando vemos a nuestro personaje escaparse de la atención del lector por culpa de la pincelada puramente cronológica e informativa, nos infunde incompetencia nuestro papel de biógrafos.

Por consiguiente, una vez más recularemos y reclamaremos paciencia en homenaje a valores políticos, militares y psicológicos que infiltraremos para amenizar y animar de verdad humana la historia viva de estos años. La vida, según convienen todos aquellos cuya opinión vale algo, es el único tema digno del novelista o del biógrafo. Por consiguiente, la de nuestro héroe no radica en recitar el almanaque en aquellas fechas en que libró un combate para librar otro; se clausura así lo que ciertamente es informativo, pero de ninguna manera formativo o ejemplar para la juventud de la América Central. Debemos, pues, sustituir la exigencia de la acción por la de la reflexión, otra aptitud de Morazán. Muestras de su inteligencia son su pericia de militar y su discernimiento de estadista. Si su vida fuese meramente acción desprovista de imaginación y pensamiento; si su vida hubiese sido un deseo de matar por afán de poder sin amor ni fantasía por un mundo soñado, pues sería una existencia muerta.

Desde aquí, desde esta silla, después de 104 años de fallecido, creemos verle al borde de un desierto de comprensión y sin embargo corriendo a caballo en persecución de un ideal a la cabeza de un ejército miserablemente vestido y alimentado. Pasa por esas tierras quebradas y desiertos de la América Central: le vieron así los hombres, pájaros, insectos; le vieron sonreír unas veces, sañudo otras, cabizbajo a menudo. Todos ellos, hombres, pájaros, insectos, no son los que hoy viven. La sociedad que sentimos de Morazán es el vacío que tenemos del espíritu que lo vio desfilar, pero su tierra es nuestra misma tierra ¡ay! lo sabemos. En este mismo sitio en que nosotros hemos nacido, nació él.

Pero tan intenso fue su sentir que aceptamos nuestra corrupción individualista al lado de su desinterés popular. Lo vemos un instante mirando con ojos azorados el panorama de las montañas de Guatemala, de Honduras o El Salvador. Su corazón latía y se agitaba, dormía sobre la silla del caballo y se rebelaba contra la impotencia frente a las inmensas distancias que había que salvar para ir a batirse. Sus ojos por tanto tiempo acostumbrados a los árboles y los ríos, se cerraron sin ver una locomotora. Pero vivió con un tumulto de emociones y un enjambre de ideas redentoras.

Es una verdadera desdicha que tengamos tan poca información sobre sus intimidades. Con escasos fragmentos debemos reconstruir su vida y su carácter. Dicen que ejercía un poder de hechizo sobre las mujeres y los humildes. Pero es sabido que esa atracción romántica suele ir acompañada de una extrema reserva. Morazán no hacía amistades. Hasta donde puede saberse, no se prodigó a nadie. Le abrumaban de atenciones en Comayagua, San Salvador o Guatemala, pero apartaba éstas para cumplir con su deber. Viajaba días y noches; tenía aventuras, algunas con hombres enemigos, otras con la áspera naturaleza, y en todas demostró su coraje.

Dormía en el campamento, dormía muy poco. Había montañas, valles, torrentes y todo eso tenía que dejarlo atrás y proseguir. Comparaba las sierras arriscadas al fondo como baluartes y, cuando desde la cumbre divisaba a lo lejos el valle de Comayagua o la planicie de Guatemala, su alma infinita se agrandó e imploró sin duda el don de compartir la majestad de las colinas, conocer la serenidad de las llanuras como sólo es posible en el creyente. Por la noche sus soldados prendían fogatas y él garabateaba órdenes apoyando el papel en la rodilla. Cuando Morazán se cansaba de trajinar, daba en cavilar si la naturaleza era bella o cruel. Una madre de un soldado y el hijo que desollaba una vaca para dar de comer al ejército, tarareaban un aire triste, pero callaban cuando Morazán venía al campamento y se tumbaba al lado del fuego a mirar las llamas.

Concibió en su ánimo la idea del deleite. Esto le hacía llamar a alguien que cantara y se acompañara con guitarra. Entonces una sensación vaga pero de lo más desagradable cundía en la vieja y el muchacho. Era el respeto que Morazán infundía, pero que él mismo con su sonrisa, desvanecía. Morazán estaba contemplando, con algún desconsuelo, el violento declive de la colina. Promediaba el verano. De pronto una sombra apareció en la pelada montaña de enfrente en el flanco de la colina, vio encinas salpicadas aquí y allá; oyó el zumbar de los insectos, y a la tarde, con la lluvia, el paisaje entero se cubrió de sombras moradas en vez de manchas amarillas de sol. Vio hombres que venían por los caminos cargados de troncos de árboles, acarreados, él bien lo sabía, para hacer leña; Morazán acababa de tener un triunfo pasajero en la hacienda "La Madariaga" y necesitaba reclutar hombres.

Estaba su alma azotada por la noticia de la prisión de su jefe y padre espiritual el licenciado Dionisio Herrera. Le entristecía esto y las llamaradas que habían calcinado parte de Comayagua. Casi le oprimía el corazón la escena de la cuidad revestida de llamaradas y en su reflexión, reconoció la lucha de dos genios: el pasado y el porvenir, el régimen vacilante que amenaza desplomarse y el mundo que viene de libertad y justicia cuyo rumor sordo él encarna y sobre esa posibilidad erraba su fantasía aunque turbada por su impotencia material. Cavilaba desnudo de toda humana vanagloria y todo esto, si bien se mira, raya con la más encumbrada sublimidad moral.

Morazán mantenía coloquio con los coroneles Remigio Díaz y José Antonio Márquez. Los tres habían vencido en un combate de hora y media en La Madariaga

y el enemigo huía disperso. Consecuente con su conducta de fiel subordinado había instado a sus dos amigos a acudir a Tegucigalpa para reclutar gente y avanzar hacia el valle de Comayagua sitiada y reparar los daños. Emprendieron el viaje, pero en el camino tuvieron la mala nueva de que Justo Milla se señoreaba sobre la ciudad previamente incendiada y que el jefe, su jefe el Lic. Dionisio Herrera, merced a la delación de uno de los suyos, marchaba escoltado y remitido a la capital de Guatemala, en donde el propio presidente le diera maliciosamente su casa por cárcel. Morazán calló y su corazón se heló de espanto. Esto ocurría el nueve de mayo de 1827. En Tegucigalpa encontraron una fuerza salvadoreña que extemporáneamente acudía a la defensa; era ya tarde y por consiguiente guiaba ahora sus pasos a apaciguar las discordias civiles de Nicaragua. Arrostrando el peligro de Milla se incorporó Morazán y los suyos al jefe salvadoreño. Como las ciudades o aldeas tienen más larga vida que los hombres que se proyectan fugazmente, así tenemos hoy Ojojona con la familiaridad de un viejo conocido, a este mismo sitio acudió a visitar su familia al separarse, Morazán, del resto de la compañía militar. Hombre partidario de la legalidad solicitó autorización para permanecer en el país al propio Milla, ahora jerarca omnipotente y al momento le otorgó un salvoconducto.

He aquí un rasgo de credulidad, indigno acaso de la astucia militar, pero digno del que concede valor a los principios morales. Conociendo que su palabra era indomable, adjudicaba esa virtud a la de Milla, que era maleable, como el plomo. Morazán se había separado del militar salvadoreño acosado de un escrúpulo mortificante: sus soldados habían asesinado y robado a un traficante español. Fiel y consecuente con su conducta, Morazán se separó por escrúpulos morales de desaprobación. Empujado por un viento fresco y solicitado por la que sólo un año hacía era su mujer, Morazán llegó a Ojojona.

Allí fue prendido y conducido a Tegucigalpa. Este viaje de Ojojona a Tegucigalpa cala hondo en el espíritu de Morazán porque descubría la inconsistencia de la naturaleza humana y le enseñaba que por pasión política los hombres traicionan sus propias promesas. Fue un desgarrón y un desengaño tan cruel que posiblemente si permanece al lado de su compañera enamorada que lo reclamaba y en pleno disfrute del permiso concedido, jamás habría despertado adentro de sí y frente a la historia el formidable defensor de las instituciones. Por primera vez aquí Morazán se reveló ante el mundo y si es verdad que él lo juzgó sin conocerlo, también es cierto que el mundo no lo conocía a él. En la prisión de Tegucigalpa se verificó un cambio en sus ideas: sentía interiormente una fuerza que le rebelaba contra los barrotes y contra la traición de que era víctima. Pensando en la tribulación de su mujer, en connivencia con ella decidió escapar.

Para eso se martirizó las encías hasta volverlas de un color violeta que simulaba descomposición de la sangre. El borrón morado se agrandó sobre la epidermis. Prisionero más que de la cárcel de la congoja del amor, del despecho y de los aguijones que el erial de la vida le clavó, abrió los ojos y vio su salvación: escaparse fingiendo una enfermedad. El practicante de medicina que tomó nota, diagnosticó escorbuto y Morazán pasó a un domicilio particular a curarse. De esta fingida enfermedad, sin embargo, nada dice él que describe así su evasión: "Después de haber sufrido 23 días una estrecha y penosa prisión, pude burlar la vigilancia y retirarme a San Miguel. De allí pasé a León de Nicaragua en busca de auxilios para volver sobre Honduras".

De este lugar Morazán regresó con 135 hombres en busca de los descontentos por las derrotas producidas por Milla en Honduras. En Choluteca agrandó una formidable división con los auxilios que nuevamente remitía el jefe Prado de El Salvador para llevar a cabo la gran batalla de la Trinidad en donde —dice él— "pude acreditar a los hondureños que era llegada la hora de romper sus cadenas". En esta batalla Milla, el agente bélico de Arce en Honduras, fue batido por Morazán. Esto ocurrió el 11 de noviembre de 1827. La modestia de Morazán al comentar este histórico hecho de armas es excesiva. Simplemente la sortea así: "La vanguardia sola consiguió este triunfo" para pasar a ocuparse de otras cosas. Esta ligereza de narrador contrarresta la importancia de sus obras. Pero nadie sabe de dónde viene y adónde va; nadie sabe si un resorte movido va a desencadenar una epopeya a pesar de nosotros mismos y eso es lo que a Morazán le ocurrió. Huyendo de su propio triunfo y venganza contra la perfidia de Milla, acudió a Comayagua, la capital de la provincia hondureña. Marchó, pues, a continuar su destino y sobrevivir las apreturas y zozobras de un jefe de provincia que por asumir el gobierno desafía al presidente de la república. Arribó el 26 del mismo mes y en su previo carácter de presidente del consejo convocó la Asamblea que, conforme a la ley, lo designó para ejercer el Poder Ejecutivo del Estado y nombró vicejefe al ciudadano don Diego Vigil; en esta función logró terminar el año. Pero nuevamente había que ayudar a El Salvador agredido por el Presidente Arce. Otra vez montó en su caballo y con la mano en los arzones volvió grupas a la guerra tratando de restañar heridas de la hermana provincia. Atravesó una masa espesa de montañas e invadió como un torrente el territorio vecino. Esta nueva aventura lo arrebató a sus sueños de volver al lado de su esposa, dejando en el poder de Honduras al vice-jefe Vigil. Hay aquí, sin embargo, una nueva disparidad de criterio histórico. Morazán mismo declara que el contingente venía no contra El Salvador, sino contra él".

Oigamos esta sabrosa narración de sus "Memorias":

"Luego que el Presidente de la República tuvo conocimiento de estos sucesos, hizo marchar al Cnel. Domínguez sobre Honduras. Yo tuve entonces que separarme del Gobierno para tomar el mando de la fuerza, y establecí mi cuartel general en el pueblo de Texiguat. Domínguez hizo una ligera incursión por los pueblos de la costa, y regresó a San Miguel, sin haberse atrevido a atacarme. Por este tiempo, el general Merino, después de haber estado al servicio del Gobierno de El Salvador, se embarcó en Acajutla para retirarse a Guayaquil, de donde era natural. Habiendo tocado el buque que lo conducía en el puerto de La Unión, fue capturado a bordo por el Cnel. Domínguez, que ocupaba el departamento de San Miguel con fuerzas federales, sin respetar la bandera chilena, ni atender a los reclamos que le hiciera el Capitán".

"A Merino no debía tratársele como prisionero de guerra, porque no se le tomaba con las armas en la mano: no era ya un soldado, porque se había separado del teatro de la guerra: no podía considerársele como enemigo, porque no tenía la intención de ofender, puesto que se retiraba a su patria; ni siquiera pisaba ya el territorio de la República, y se hallaba bajo la protección de una nación amiga. No había, pues, ni un pretexto para reducirlo a prisión, y menos para fusilarlo pocos días después en la ciudad de San Miguel, faltando al derecho sagrado de la guerra, y a los principios establecidos aún en los pueblos menos civilizados".

"Este asesinato sin ninguna mira política: esta víctima sacrificada a la venganza ajena, cerró todos los medios de conciliación entre Domínguez y yo, rompiendo la correspondencia que habíamos establecido con este abyecto; presagió la suerte que correríamos los que fuésemos prisioneros de semejantes enemigos y acabó de uniformar la opinión pública".

"En pocos días conseguí organizar una fuerza compuesta de hondureños y nicaragüenses, que aunque muy inferior en número a la de Domínguez, se componía en su mayor parte de soldados voluntarios y decididos a morir en defensa de su patria; pero carecía de recursos pecuniarios."

"El que conozca que las rentas del Estado de Honduras nunca han bastado a cubrir su lista civil; y que haya sido, entonces, testigo de las grandes sumas que exigiera Milla a los pueblos, para sostener tanto tiempo su División, se persuadirá fácilmente de la escasez que sufría la que estaba a mis órdenes. Marchaba sin ninguna caja militar, y el prest que se daba a la tropa, era necesario exigirlo en los pueblos del tránsito".

"Las dificultades que naturalmente se presentaban para esto, producían mil privaciones en el soldado, que se agravaban con lo malo del clima y el rigor del otoño abundante en lluvias aquel año. Su número se disminuía, de consiguiente en término que, apenas llegaron a las inmediaciones de San Miguel las dos terceras partes de los soldados reunidos en Choluteca. En tanto que el coronel Domínguez abundaba en recursos y tenía a sus órdenes una numerosa tropa veterana que había triunfado varias veces de sus enemigos".

"La esperanza del auxilio que me había ofrecido el Gobierno del Estado de El Salvador, para engrosar mi pequeña División, me obligó a colocarla en el pueblo de Lolotique, fuerte por su localidad, y por su posición aparente para proteger la llegada de los salvadoreños.

"El Cnel. Domínguez con todas sus fuerzas, vino a situarse a distancia de una legua, en el pueblo de Chinameca".

"Hizo varias tentativas para formar las guardias avanzadas colocadas en los desfiladeros que conducían a la altura que yo había ocupado; y aunque siempre fue rechazado con pérdidas, logró sin embargo, ver desplegarse la fuerza y se enteró de su número. La confianza que le inspiró este conocimiento la acreditaron sus hechos posteriores. Domínguez pudo muy bien contar nuestros soldados, pero pronto conoció por una costosa experiencia, que no es dado calcular, a un jefe mercenario, el valor de hombres que defienden su patria y sus hogares".

"Once días se pasaron sin ocurrir nada notable entre las dos fuerzas. Al duodécimo recibí una comunicación del Tte. Cnel. Ramírez, jefe de la tropa auxiliar tanto tiempo esperada. Me aseguraba que al siguiente día pasaría con alguna dificultad el Lempa, por falta de barcas."

"La facilidad con que el enemigo podía descubrir la aproximación de aquel jefe, y destruir su pequeña fuerza, me decidió a protegerlo."

"A las 12 de la noche, emprendí mi marcha con este objeto, pero la lluvia no me permitió doblar la jornada y me vi obligado a aguardar en la hacienda de Gualcho hasta que mejorase el tiempo."

"Entretanto, Domínguez, que había sabido mi movimiento y marchaba por mi izquierda, detenido también por la lluvia, fue igualmente obligado a situarse a una legua distante de aquella hacienda, sin que se hubiera podido descubrir su movimiento hasta entonces."

"A las tres de la mañana que el agua cesó, hice colocar dos compañías de cazadores en la altura que domina la hacienda, hacia la izquierda, en razón de ser el único lugar por donde podía presentarse el enemigo. A las 5 supe la posición que éste ocupaba, y pocos minutos después, el jefe de una partida de observación aseguró que se hallaba a tiro de cañón de las dos compañías de cazadores".

"No podía ya retroceder en estas circunstancias, porque una retirada con tropas que no son veteranas, tiene peores consecuencias que una derrota, sin la gloria de haber peleado con honor. No era ya posible continuar mi marcha, sin grave peligro por una inmensa llanura y a presencia misma de los contrarios. Menos podía defenderme en la hacienda, colocada bajo una altura de más de 200 pies que en forma de semicírculo, domina a tiro de pistola el principal edificio, cortado por el extremo opuesto, con un río inaccesible, que le sirve de foso. Fue, pues, necesario aceptar la batalla con todas las ventajas que había alcanzado el enemigo, colocado ya en actitud de batirse a tiro de fusil de nuestros cazadores".

"Conociendo el tiempo que había de gastar la División en salvar la altura que se hallaba entre el campo y la hacienda, hice avanzar a los cazadores sobre el enemigo. Éste, obligado por instinto a tributar el respeto que se debe al valor, no se atrevió a hollar la línea de cadáveres a que quedó reducido el pequeño campo que ocupaban los cazadores, para detener la marcha de la División que volaba en su auxilio".

"El entusiasmo que produjo entre todos los soldados el heroísmo de estos valientes hondureños, excedió al número de los contrarios".

"Cuando la acción se hizo general por ambas partes, fue obligada a retroceder nuestra ala derecha, y ocupada la artillería ligera que le apoyaba; pero la reserva, obrando entonces por aquel lado, restableció nuestra línea, recobró la artillería y decidió la acción arrollando parte del centro y todo el flanco izquierdo que arrastraron en su fuga al resto del enemigo, dispersándose después en la llanura. Entre los muchos prisioneros que se hicieron, se encontraron algunos vecinos del departamento de San Miguel, que vinieron en gran número a ser testigos de nuestra derrota. Tal era la seguridad que tenían en la táctica, en la disciplina y en el número de nuestros contrarios".

"Los salvadoreños auxiliares, que abreviaron su marcha, al ruido de la acción, con el deseo de tomar parte en ella, llegaron a tiempo de perseguir a los dispersos. Cediendo a un sentimiento de justicia, he descendido a pormenores, que no a todos podrán ser agradables; pero ofrezco omitir en adelante los que pertenecen a los sucesos ocurridos hasta la conclusión de la guerra. Mi deseo ha sido el de honrar la memoria de los patriotas hondureños y nicaragüenses que pelearon aquel día, cuyo valor se ha querido poner en duda, porque no han sido tan afortunados otras veces. Es el de fijar los hechos que tuvieron lugar en aquella jornada, desfigurados después por la malicia o la ignorancia. Es el de dar a conocer la importancia que merece este hecho de armas. Si él fue en sí bien pequeño, sin embargo, los mejores resultados, porque economizó la sangre que inútilmente se derramara, por tanto tiempo, en las trincheras de El Salvador, facilitando la rendición de mexicanos, y abrevió el desenlace de la revolución de 1828. Revolución que tan abundante, como después fue, en acciones de guerra ganadas por nuestros soldados, todas ellas se deben considerar como una consecuencia de este triunfo".

De Gualcho, Morazán avanzó a San Miguel. No podía reprimir su deseo de exterminar la falange gubernamental reñida con la federación. Quiso reclutar a todos los que militaban en la causa de la libertad para acabar con las huestes enemigas del dictador, pero reconoció que, dado el súbito y un tanto caótico desarrollo que había alcanzado el pueblo centroamericano, el antiguo sistema colonial traería consigo más y más desorden cada día y que un remedio no podía ser otro que el de anular el gobierno personal, es decir, el de la dictadura, y sustituirlo por el impersonal de las instituciones representativas. Surge entonces él con toda la fuerza de su mocedad en ascenso y, como dijimos, acudió a San Miguel en busca de recursos monetarios para abonar los sueldos vencidos del ejército.

Caminaba Morazán persuadido de que la lucha se colmaba de sinsabores, desventuras y desilusiones, pero que a su favor contaba su juventud, un ánimo sin embarazos y un físico provisto de remos ágiles, amén de un corazón justo y honorable. Una comisión de los principales vecinos vino a su encuentro; imploraban su protección, que estaba a merced de los prócaces y filisteos, que se decían amigos del gobierno. Morazán apresuró el paso porque entre otros desmanes habían ya saqueado la importante firma de plaza, denominada Barriere.

Después Morazán allí acampó. El ejército exigía su recompensa. Morazán, previa consulta con el gobierno del Estado de El Salvador, usó la facultad que le autorizaba a exigir un empréstito forzoso de dieciséis mil pesos. Esta suma fue colectada entre pequeño número de propietarios que mejor ayuda de fondos habían ofrecido al enemigo. Por otra parte, se negaban a contribuir y ello obedeció a que se difundió la nueva que el Gral. Arzú venía en actitud beligerante. Pero Morazán sorteó este inconveniente en la forma siguiente: Decretó que el pudiente que se negase a dar su dinero, debía prestar ayuda en carácter de soldado; esta alternativa dio mayoría a los que hurtaban el cuerpo sacrificando su dinero, mas hubo una excepción: la avaricia a la altura de sus haberes, pues era el más rico de todos y que por nombre tenía Juan Pérez, nombre vulgar pero en este caso contradictorio por su poca común conducta, prefirió hacer de soldado. Morazán comenta el resultado: "Pocas horas después de sufrir en el cuartel los castigos y privaciones de recluta, entregó los cinco mil pesos y volvió a su casa". La suma recaudada fue justicieramente distribuida en la plaza pública, en presencia de jueces municipales.

Morazán afirma y la historia corrobora que este fue el único empréstito y fue sometido a disposiciones legales. Y un incidente aislado del soldado Cervantes, acusado de arrancar del cuello a una dama el collar que le recamaba el pecho, y por ello fue fusilado, atestigua mejor la línea de conducta del jefe.

Entretanto el Gral. Arzú acudía, jadeando de apresuramiento o de delirio por la derrota que los vecinos de San Miguel vaticinaban. Para colmo de mala suerte, los soldados de León de Nicaragua, que engrosaban las filas de Morazán y que eran voluntarios y no subordinados a ningún gobierno, exigieron su desmovilización. Arzú hizo alto a las orillas del gran río Lempa. Luego lo atravesó. Morazán tuvo que alejarse a Honduras en busca de contingente con qué reponer los desertores de León antes de exponerse a una victoria problemática. En Tegucigalpa, su ciudad nativa, Morazán engrosó su ejército y volvió contra San Miguel.

Esta vez fue Arzú quien no quiso comprometer una acción de armas. Huyó al occidente de Honduras y luego reveló que quería arrimarse a Guatemala como si presagiara la potencialidad de una inevitable derrota. Pero Morazán, con su instinto bélico, adivinó la retirada y se colocó merced a un movimiento de flanco en el llano de La Pava en momentos en que la vanguardia enemiga avanzaba en la margen izquierda de un arroyo profundo. Dice Morazán que era la mira de Arzú disputarle ese paso con el fin de impedirle la ocupación de la hacienda de San Antonio, en la que "comienza a elevarse la sierra por donde había pensado retirarse".

Pero antes de alcanzar este objetivo, Arzú fue arrollado y lanzado hacia atrás. Sobrevienen minutos de ansiedad para Arzú en que la rumia de planes con qué salvarse le hace deliberar durante la noche con zozobra y crispación de nervios.

"Al amanecer —dice Morazán— se me confió que deseaba capitular y que ya Arzú había renunciado al comando y por consiguiente había que negociar con el nuevo jefe, Aycinena".

La capitulación redactada por Morazán fue aceptada por Aycinena e imponía la entrega de armas y el sometimiento con carácter de prisioneros, por lo menos de los jefes y siempre que no fuesen a disposición del gobierno de El Salvador. Morazán, en armonía con su conducta y con sorpresa de los vencidos, los dejó en libertad. Es más: les adelantó dinero para volver a Guatemala. Estos, sin embargo, partieron, pero saqueando los hogares del trayecto y con gran descontento de Morazán que tuvo conocimiento de tales alardes de depravación. Máxime que un artículo del convenio firmado garantizaba el respeto a la propiedad privada. La causa hacía que Aycinena, a marcha forzada, apuró el paso en unión de los jefes, abandonando a su suerte el resto del ejército.

Mientras tanto, volvamos los ojos a lo que ocurría en la capital del Estado salvadoreño. Paradójicamente, los sitiadores se habían convertido en sitiados. Morazán mismo explica este hecho por los motivos siguientes: "Este desenlace se debió a la constancia con que el pueblo salvadoreño, sin armas y sin jefes, sostuvo el sitio por largo tiempo: al patriotismo y generosidad de las mujeres del pueblo, que alentaban al soldado con su valor y lo alimentaban con el trabajo de sus manos: a la firmeza con que el gobierno se negó siempre a admitir las proposiciones desventajosas que le hiciera el enemigo para rendirse; y al general Juan Prem, que disciplinó algunas compañías, y colocándose con ellas a la retaguardia del enemigo, le interceptaba los convoyes y aprisionaba los reclutas que venían de Guatemala, batía las fuerzas que salían del cuartel general de los sitiadores en busca de víveres, y alentando con todos estos hechos al pueblo, hizo a los soldados concebir esperanzas de un próximo triunfo y creer al coronel Montúfar, jefe del ejército SITIADOR, que se hallaba SITIADO, poco después de afirmar en uno de sus escritos QUE NO PUEDE SOSTENER POR MUCHO TIEMPO PLAZA QUE NO ES SOCORRIDA, Y MENOS CUANDO LA ATACAN ENEMIGOS MUCHOS Y PORFIADOS."

Desde la hacienda San Antonio, él, cuyo ánimo iba ahora empujado por un resorte de fe y confianza, visualizó culminar extirpando el régimen imperante en Guatemala. Con tal motivo, acudió previamente a San Salvador con el fin de saturarse de la atmósfera de victoria que allí se aspiraba. De San Salvador prosiguió a la Villa de Ahuachapán, y organizó el ejército que debía marchar sobre el Estado de Guatemala.

La coincidencia quiso que en esta villa se encontrara el ahora ex presidente Arce. Con ese motivo, el jefe político del departamento C., Juan Manuel Rodríguez, dio orden de expulsarlo porque su presencia no era conveniente. Una persona amiga de Arce intervino ante Morazán para impedir que el jefe político expulsara a aquél. A ese respecto comenta Morazán: "No habiéndome olvidado que Arce había ordenado al Cnel. Villa para que me enviara preso a Guatemala, a pesar del salvoconducto que me dio este Jefe, mandé al Cnel. Gutiérrez que informara al Presidente Arce la orden del Gobierno y que le expresase mis deseos de evitarle el compromiso en que se vería su poca grata presencia en Santa Ana." Esta intervención moderada de Morazán, sin alardes y ni siquiera visos de venganza, fue mal interpretada por Arce. En sus memorias la denominó "agravios", cosa que Morazán en la suya denominó "servicio", porque —expresa Morazán— "yo le rogaba y no usaba la fuerza como él hizo conmigo cuando me envió preso a Guatemala".

Morazán, luego de disciplinar al ejército, marchó a Guatemala y dio orden al Gral. Prem (que actuaba en el Departamento de Chiquimula con una división) que tomase la hacienda de El Aceituno (quedaba a una legua de aquella ciudad) el mismo día en que él debía ubicarse en el pueblo de Pinula, a dos leguas de ésta. Como el Gral. Prem estaba enfermo, la orden impartida por Morazán fue cumplida por su sucesor, el Cnel. Henríquez Terrelonge. En su ayuda marchó a unirse un ejército de patriotas antigueños en el lugar denominado la hacienda del Corral de Piedras, que estaba al mando del Gral. Isidoro Saget. En Pinula, Morazán se enteró que la fuerza del Estado se había concentrado en la ciudad.

Con el fin de evitar que pasasen víveres y agua en la plaza, envió una división a situarse en el pueblo de Mixco, al mando del coronel Cerda, con orden de fortificarse al instante. Pero este jefe, que él solo conocía por recomendaciones que le habían hecho, sufrió una completa derrota, pues no tuvo valor ni arrojo como para defender un puesto sorprendido por el enemigo.

Como acreditó el enemigo su crueldad con el asesinato de los vencidos, así demostró Cerda, con esa derrota, su ineptitud y cobardía; y en lugar de volver al cuartel general de Pinula donde permanecía Morazán, en la Antigua Guatemala, regresó a sus trincheras.

Concentró al otro día Morazán todas las fuerzas y marchó a la Antigua Guatemala para pedir ayuda al nuevo Gobierno.

En trece años de guerra casi continua, no había sufrido jamás una derrota debido a la experiencia y conocimientos militares del Gral. Nicolás Raoul, veterano del ejército de Napoleón, que tomó al servicio en concepto de Jefe de Estado Mayor.

Luego marchó al encuentro del enemigo que, envalentonado por el triunfo de Mixco, había salido por segunda vez de sus trincheras para atacar a Morazán. Pero como este recibió noticias de los espías de que no los encontraría en su camino, volvió a la ciudad dejando a las órdenes del Cnel. Terrelonge un batallón y un escuadrón para explorar el campo.

Pero el enemigo sufrió otra derrota, pues Terrelonge tuvo un encuentro en San Miguelito, una legua de la ciudad, y se batió con tal ardor, que la infantería que había sido rodeada por aquél, y se defendía a la bayoneta, se confundió con los contrarios y ya se le consideraba muerto o prisionero.

En ese instante, el Tte. Cnel. Corzo, usando de su arrojo, cargó con cuarenta dragones sobre el enemigo, con tan buen éxito, que pudo salvar a la infantería que seguía la lucha sin rendirse; y en esa forma, en una segunda carga logró derrotar al enemigo. Morazán, al recibir el parte comunicándole que el Cnel. Terrelonge se hallaba en franca lucha con el enemigo, marchó con el resto del ejército en procura de su ayuda. Pero tan solo pudo socorrer a los heridos y proteger a los prisioneros. Persiguió luego al enemigo hasta Sumpango; al otro día se dirigió al pueblo de Mixco donde permaneció cierto tiempo.

Durante su estadía en Mixco, el ciudadano J. Antonio Alvarado puso en su conocimiento que el Ministro de los Países Bajos deseaba celebrar una conferencia con él para solucionar los conflictos existentes. Dicha conferencia se llevó a cabo en la hacienda de Castañaza, pero sin resultado positivo.

Del pueblo de Mixco, Morazán se dirigió a la hacienda de Aceituno, pero antes de llegar a la hacienda de Las Charcas, le aseguraron que el enemigo se dirigía hacia la misma hacienda. Cosa que pudo comprobar en su llegada a ella, pues el enemigo se hallaba a un cuarto de legua.

Comprendió entonces Morazán que se lo iba a atacar aprovechando la disminución del ejército, ya que la primera división se había dirigido al Departamento de Los Altos al mando del Tte. Cnel. Jonama, a los efectos de perseguir al enemigo que actuaba en esos pueblos a las órdenes del Cnel. Irisarri. Morazán comenta así: "Al momento, formé la fuerza para aguardar al enemigo que, en triple número, se presentaba en la llanura. Todo el valle se veía cubierto de caballería, que se aumentaba a la vista con una multitud de espectadores. Esta caballería se formó fuera de los tiros de nuestra caballería ligera. El de fusil no alcanzaba al grueso de la infantería. Solo una parte de ésta, en número de 500 soldados, se aproximó, formada en batalla, a menor distancia y rompió el fuego al mismo tiempo que las guerrillas de cazadores que hizo desplegar. Los nuestros le contestaron a pie firme." Parece ser que Morazán esperó inútilmente que se acercase el resto de la infantería y toda la caballería enemiga y entonces hizo marchar dos compañías por el flanco derecho y lanzar algunas bombas. Estas causaron grandes daños en la caballería y el enemigo huyó. "Lo imitó la caballería –dice Morazán– volviendo caras y la nuestra, aunque en pequeño número, cargó sobre esta confusa masa de hombres, que huían sin motivo, haciendo un terrible estrago en todo el valle y centenares de prisioneros."

Sin embargo, Morazán no ocupó la ciudad, prefiriendo esperar que se le incorporase la División que obraba en los Altos. Al día siguiente, Morazán marchó de la hacienda de Las Charcas a la hacienda de Aceituno, en donde permaneció a la espera de la tropa que se hallaba en Quezaltenango, también de la que se reorganizaba en la Antigua Guatemala y reclutaba en el Estado de El Salvador.

Morazán, poco después, supo por intermedio del Cnel. Jonama que el pueblo del Barrio se había alzado contra los enemigos y le habían entregado a Jonama como prisioneros los principales jefes. La noticia era optimista, pero desmerecía lo que afirmaba a continuación: decía que el Tte. Cnel. Menéndez y su división se habían sublevado en contra de él, protestando por el buen trato que diera al Cnel. Irisarri y demás prisioneros. También informaba que la viruela maligna que había comenzado a propagarse en los soldados, le obligaba a regresar al cuartel general.

De nuevo el Ministro de los Países Bajos sirvió de mediador, reuniéndose en un sitio llamado Ballesteros con los ciudadanos Árbenz, por el Vicepresidente de la República, y Pavón por el Gobierno del Estado de Guatemala, el Cnel. Espinosa por el del Salvador y Morazán por los de Honduras y Nicaragua. No se pusieron de acuerdo. No obstante, Morazán deseaba vivamente llegar a un entendimiento y, al mismo tiempo, temía que las epidemias de viruelas hiciesen disolver el ejército. Por estas causas, de nuevo invitó al Cnel. Verver, Ministro de los Países Bajos, para una ulterior conferencia en la cual participaron los mismos comisionados. Morazán y el Gral. Espinosa presentaron la proposición siguiente:

1° Que se estableciera un Gobierno provisorio dentro de la órbita geográfica y política del Estado de Guatemala, compuesto del mismo jefe ciudadano Mariano Aycinena, del ciudadano Mariano Prado y Morazán mismo.

2° Que los dos ejércitos debían reducirse al número de 1000 hombres y componerse, en partes iguales, de salvadoreños y guatemaltecos.

3° Que el Gobierno provisorio debía instalarse en Pinula y entrar después a Guatemala con aquella fuerza, destinada a dar respetabilidad al mismo Gobierno y a mantener el orden en el Estado.

4° Un olvido general por lo pasado.

Conociendo Morazán la debilidad a que se hallaba reducida la plaza, mucho se sorprendió al recibir una respuesta negativa de estas proposiciones. Otra razón por la que creyó que sería aceptada fue la generosidad implícita en ellas, máxime sabiendo Morazán que el enemigo no esperaba refuerzos, como lo probó rindiéndose la plaza diez días después bajo las condiciones que le impuso el propio Morazán. En efecto, fue ocupada al día siguiente de la capitulación y Morazán se alojó en la Casa de Gobierno. Inmediatamente se le presentó el Ministro de Relaciones del Gobierno Federal y le entregó una nota del Vicepresidente de la República, es decir, el ciudadano Mariano Beltranena. En ella se reducía a preguntar a Morazán si debería continuar en el ejercicio del Poder Ejecutivo. A ese respecto comenta Morazán en su Memoria: "Los que recuerden que el Vicepresidente de la República, apoyado por el ejército del Estado de Guatemala, había usurpado el mando al Presidente, burlándose de los repetidos reclamos que éste le hizo para obtenerlo, que era de los más poderosos motivos de la guerra que se llevó hasta la Capital de la República, a nombre de la mayoría de los Gobiernos de los Estados que componen la Federación, se persuadirán fácilmente de que mi contestación fue por la negativa".

Ese día mismo hizo poner prisioneros al Presidente y Vicepresidente de la República, a los Ministros de Hacienda y Relaciones, como así también al Jefe del Estado de Guatemala. Tal medida adoptada por Morazán estaba en un completo acuerdo con las órdenes que éste había recibido de los distintos estados. Luego, cumpliendo con la capitulación, se exigió el desarme total del enemigo; pero en dicho desarme faltaban cierta cantidad de fusiles, motivo por el cual Morazán encomendó al Sr. Manuel Pavón regularizar esa situación. La contestación del Sr. Pavón no fue del todo concreta, por lo que Morazán afirmó que, de no cumplir la capitulación en la forma debida, él se vería obligado a no respetarla. Esta situación se vio agravada por el no cumplimiento del artículo 4° de la capitulación, el cual no permitía la salida de los soldados de sus cuarteles; pues éstos, con sus salidas, llevaron consigo sus fusiles con los cuales cometieron desmanes en pueblos vecinos; por todo lo cual, Morazán emitió un decreto en el que argumentaba los motivos del no cumplimiento de la capitulación por su parte.

La capitulación, en su artículo 5°, garantiza la vida y propiedad de todos los individuos que se hallaban dentro de la plaza. A ninguno de ellos se los condenó a la pena de muerte, ni se les exigió contribución alguna. Aunque se había derogado, la capitulación fue religiosamente cumplida. No se tomaron represalias, no porque faltaran los motivos, ya que hubo muchas vidas sacrificadas, como ser la de los generales Pierzon y Merino que habían sido fusilados, sino porque la obligación cedió paso a la generosidad. Es verdad que, en uso de facultades, el gobierno de Guatemala impuso contribuciones a los propietarios del partido vencido, pero ello, como decimos, lo hizo sirviéndose de recursos legales y, por otra parte, la necesidad de pagar haberes al soldado vencedor lo exigía. Además, tales fondos no se demandaban a aquellos propietarios que habían prestado buenos servicios.

No obstante que, en la opinión de Morazán, los presos debían sumarse al menor número posible, pues se reduciría a los individuos más notables del enemigo, en cambio, la opinión de los pueblos, así como la de los Gobiernos de los Estados y la del ejército, era completamente distinta. Ellos estaban por el mayor número de presos. El Gobierno del Estado del Salvador, por medio de sus comisionados, ciudadanos José María Silva y Nicolás Espinosa, y el de Honduras y Nicaragua, por las exposiciones que se publicaron entonces por la prensa, eran partidarios de que no hubiese excepción en la aplicación de los castigos. A ese respecto, Morazán señala: "Y yo, que no desconocía la justicia de estos reclamos, y que debía cumplir las órdenes de los jefes que habían depositado en mí su confianza, me vi obligado a reducirles a prisión."

Morazán, lejos de convertirse en un dictador, de acuerdo con los dictados de la ley, convoca al Congreso y al Senado, disueltos desde 1826 por el presidente Arce; estableció nuevamente la Asamblea de Guatemala y llamó a don Juan Barrundia para ocupar el cargo de Jefe del Ejecutivo, que desempeñaba don Mariano Centeno interinamente.

Al ser designado José Francisco Barrundia, Presidente de la República, don Juan Barrundia, su hermano carnal, presentó su renuncia al cargo de Jefe de Guatemala. Uno de los primeros actos realizados por la Asamblea de Guatemala fue el de tributar al Gral. Morazán una demostración de reconocimiento, condecorándolo con una medalla de oro y acordándole el título de Benemérito de la Patria; como asimismo se acordó colocar en el Salón de Sesiones su retrato de cuerpo entero. Igual demostración fue la efectuada por el Congreso Federal de la República de Centroamérica, constituida legítimamente el 22 de junio, al denominar al gran general Morazán Protector de la Ley. Al ser restablecidas estas y otras autoridades, Centroamérica estaba en condiciones de ser gobernada como verdadera república.

Pero esta tranquilidad, libertad y unidad nacional que comenzaba a surgir se vieron alteradas por planes sediciosos y malévolas intenciones de las organizaciones religiosas, quienes contribuyeron a fomentar este malestar solicitando el indulto general a la soberana Asamblea. La mala conducta observada por estas asociaciones religiosas hizo que la Asamblea expulsara a todos los frailes, inclusive al Arzobispo Casaus, quienes fomentaban una contrarrevolución a tiempo descubierta.

Estos frailes fueron llevados primero a Omoa, y luego desterrados a La Habana; de este destierro sólo se salvaron los frailes de la Merced y los del Hospital de Belén. Pero, entre tanto, el movimiento insurrecto continuaba en plenitud de su poderío en el departamento de Olancho sin que el Cnel. Antonio Márquez pudiese dominarlo. Domínguez, para dar mayor realce a la insurrección, se dirigió de Gualcho, lugar donde había sido derrotado, a Yoro con el fin de unirse a las masas de rebeldes con asiento en Catacamas, Agalta y El Zapote, para tornar más caótica la situación reinante. Morazán, que permanecía aún en Guatemala, decidió ir a Honduras a sofocar la rebelión, para lo cual fue comisionado por el Gobierno Federal. Llegó a San Salvador en busca de auxilio y se le dio un contingente de 400 hombres, con los cuales llegó a Tegucigalpa a fines de noviembre.

El general Morazán trató de disuadir a los rebeldes de su actitud por medio de la persuasión y así vemos que el 22 de noviembre del mismo año 1829, desde el Cuartel General en marcha, dirigió una proclama a los habitantes de Olanco. En este documento Morazán decía: "que los directores ocultos de aquel criminal movimiento eran sus enemigos que, valiéndose de su bondad, los engañaban; que abusaban de su inocencia para obligarlos a trabajar contra los derechos más sagrados de los pueblos; que les aconsejaban ser neutrales con el fin de que no dieran dinero ni hombres que sostuvieran la libertad ultrajada por los nobles de Guatemala, pero que al mismo tiempo los inducían a que tomaran las armas para sostener esa neutralidad contra el Gobierno legítimo del Estado, etc.....

Esta proclama, llena del más puro afecto y del mejor patriotismo, no encontró acogida en aquella multitud que se encontraba desmoralizada. Por lo tanto, el único recurso que podría salvar la situación era el de la presencia y acción del Jefe de Estado en el lugar en que se desarrollaban los acontecimientos. El general Morazán depositó el mando en el senador Juan Ángelo Arias, para en esa forma iniciar la campaña de pacificación, emprendiendo la marcha el 24 de diciembre de 1830, después de recibir del Salvador la ayuda solicitada.

Estamos, pues, en 1830. La perspectiva militar de Morazán es tan buena como la política. En este momento su ejército consta de 400 soldados salvadoreños, traídos de aquel estado; un refuerzo que acaba de aglutinar en Tegucigalpa y un tercer ayuntamiento que procede del gobierno de Guatemala. Con estos tres ingredientes de beligerancia, recluta un ejército y se pone en demanda de Juticalpa, pueblo disidente del Estado de Honduras. Allá llega y ocupa de inmediato el lugar en los primeros días de enero, persigue a los infractores y culmina esta incidental acción de armas en el lugar "La Vuelta de Ocote", el día 21 del propio mes; impone a los disidentes, con la firma de una convención, a prestar acatamiento al Gobierno legal del Estado de Honduras. Hecho esto, dio grupas regresando a Comayagua, en donde aparentemente había convulsión. Lo que aquí ocurría tenía una lejana raíz cronológica, pues ya en agosto de 1828 se les había obligado a capitular; no obstante, quedaban sedimentos que, con el clima de subordinación reinante, echaban nuevos brotes. Pero esta vez, como la anterior, el Cnel. José María Gutiérrez venció una sublevación de opotecas, es decir, oriundos del pueblo de Opoteca, justamente el 19 de abril de 1830; estas facciones fueron condenadas a prestar servicios de guarnición en el Castillo de San Felipe, sin hacer excepción del religioso presbítero Antonio Rivas, que los capitaneaba.

La paz quedó asegurada en Honduras. Morazán acudió a su nativa Tegucigalpa el 22 de abril y poco después se volvió a hacer cargo de la jefatura del Estado, función que sirvió hasta el 28 de julio, en que fue legalmente sustituido por el consejero don José Santos del Valle. Sin embargo, la paz de Honduras no reinaba en Nicaragua, el vecino Estado en que se despertó una enconada lucha fratricida. Morazán, investido todavía del manejo de los destinos de Honduras y, al propio tiempo, instruido por el Gobierno federal para efectuar en Nicaragua una misión similar a la que había cumplido en Honduras, delegó este encargo en su antiguo jefe, el Lic. Dionisio Herrera. Éste, señalado como prócer en la historia hondureña, acudió con su autoridad de mediador, y gracias a su pericia administrativa y su tacto, pacificó a la patria de Rubén Darío y hasta triunfó en elecciones de gobernante. Por cierto que su nombre aparece en relieve en la galería enumerativa de sus jefes.

Morazán, en Honduras, ya en vísperas de su caducidad, fomentaba asimismo actos de progreso: introdujo la primera imprenta como propiedad del Estado, y el 25 de mayo de 1830 ordenó la aparición del primer periódico oficial Gaceta del Gobierno, en que se informaba de la vida puramente administrativa. Otra empresa de Morazán fue la de fomentar la instrucción. Sabía el gran patricio que su propia miseria espiritual de niño había acrecentado una apetencia insaciable y no quería que sus pequeños compatriotas sufrieran esta misma hambre. Para impedirlo fundó escuelas populares, improvisó hasta a los maestros que ignoraban la pedagogía.

Fue este mismo año en que, desatendiendo los pormenores de los estados, ayer provincias, toda la atención se concentró en la capital a fin de implantar nuevas autoridades supremas. Allí, en la Capital de la República Federal, se producían ciertos cambios: don José Francisco Barrundia ejercía la Presidencia de la República Federal por designación conferida por el Senado de la Nación con fecha 22 de junio. Este cargo era provisional mientras se realizaba el acto electoral en cumplimiento del precepto constitucional alusivo. Barrundia gozaba de reconocida autoridad moral y prestigio de funcionario dotado de virtudes y conocimiento de los resortes republicanos. Por consiguiente, la designación mereció unánime aprobación. Cuando llegó el momento de elegir candidato para iniciar el período legal, el propio Barrundia mereció esta designación. Su mejor título en la conciencia social estaba ahora abonado por su relieve como jefe virtual de la Nación, hecho que hacía más visibles no solo sus méritos, sino que popularizaba su nombre.

Después de Barrundia se pensó en José Cecilio del Valle. Otras veces hemos presentado su nombre en estas páginas, acompañado de alguna mención acerca de su prestigio como hombre de variada y enciclopédica versación, distintivo que le ganó el nombre de El Sabio. Finalmente, se mencionó a nuestro héroe, don Francisco Morazán. Innecesario es decir por qué este último nombre apareció en unión de los otros. Barrundia representaba la confianza y la experiencia probada en el uso del cargo. Valle representaba el orgullo nacional, el hijo intelectualmente más ilustre y el único conocido en Europa. Morazán, la fascinación de la gloria, el laurel en las sienes de un héroe. Estos tres merecían el unánime sufragio. No eran candidatos impuestos por partidos políticos, sino propuestos por la libre conciencia popular. El escrutinio se practicó y el militar tuvo más ascendiente con el brillo de su gloria que el intelectual y que el fiel republicano. Casi podemos decir que Barrundia representaba la virtud, Valle la inteligencia, Morazán la voluntad. Se decidieron por este último, que representaba posiblemente la condición más necesitada. Morazán fue electo.

Cuando comunicó la noticia a Morazán, Barrundia, que había auspiciado absoluta libertad con prescindencia de su propio nombre, le decía confidencialmente: "Véngase Vd., amigo mío, y llene los deseos del pueblo y de todos los hombres de bien que quieren dar vigor y estabilizar a nuestro Gobierno, de mí en particular que deseo a Vd. tan bello honor y a la República este alivio de sus males. Espero, pues, que tendré el gusto de dar a Vd. pronto un abrazo y de colocarlo por mi mano adonde Vd. me hizo subir por su victoria."

La voluntad se le templó aún más a Morazán. Benditos sean los estados y la postura de conciencia política en que semejantes cosas sucedían. Porque no debe el malicioso juicio contemporáneo y coterráneo sospechar que había entre Barrundia y Morazán siquiera un viso de compadrazgo. Lo que les acercaba eran los principios y la prueba es que, dejando a un lado los que veían con malos ojos la implantación de la democracia, nadie –ellos inclusive– dudaban de la buena voluntad de Morazán y Barrundia. Había dos cosas: tolerancia y equidad, faltaba en cambio la técnica tan evolucionada hoy día de la politiquería.

Morazán triunfó, ya lo dijimos. En un documento histórico – respuesta al Presidente de la Asamblea– este emancipador social de nuestra mestiza comunidad centroamericana, discurría así: "defenderé la Constitución Federal que he sostenido como soldado y como ciudadano". Repare el lector que Morazán prescindió tanto del acto electoral en sí que ni siquiera estuvo de cuerpo presente, pues ya dijimos que se dedicaba a gobernar una provincia, la suya, la de Honduras. Otras cosas prometió después. Que se interesaría por intensificar las relaciones exteriores; lo mismo haría creando redes de comercio internacional, explotando las riquezas y aumentando la población; auspiciaría la libertad de albergue para el extranjero ilustrado y útil, sin reparar en raza, religión o nacionalidad, con lo cual se adelantaba a enunciar el posterior advenimiento del universalismo o cosmopolitismo americano. También, con una lúcida visión de profeta, proclamaba la indispensable paternidad de los hijos del Nuevo Mundo; insistía desde el Gobierno Federal lo que ya había fijado desde el provincial: la implantación de la instrucción popular y obligatoria; desterraría la política obstruccionista con que el régimen feudal la combatía; inclusive esclarecía que seguiría oponiéndose al fanatismo, juzgándolo como desviación de la religión cristiana que él profesaba. Era, pues, una mente clara. Desde su punto de vista de estadista, el programa de problemas sociales y económicos se le presentaba sin el confusionismo de nuestro tiempo.

Pero no fue únicamente clarividente, sino activo en la acción.

Empezó por rodearse de los más capaces espíritus del país, pues no tenía la mira de medrar, sino de crear una patria justa y beneficiosa para todos.

Muchas y proliferadas reglamentaciones se proveyeron, particularmente en el orden legislativo en que, si había ingenuidad y apuro, ello se justificaba por el deseo de progreso y mejoramiento.

Por ejemplo, entre las leyes promulgadas se encontraba el sistema de juicios por jurados. En instrucción pública, se decretó por primera vez la enseñanza gratuita y obligatoria y se reformó la enseñanza superior, despojándola del carácter axiomático o dogmático que le insuflaban los jesuitas. También se decretó la libertad de cultos, medida que libró a la sociedad de sectarismo enconado. Tampoco puede pasarse por alto la libertad de imprenta.

En materia hacendaria se promulgaron leyes que abrieron el crédito del país y mejoraron sus rentas; al propio tiempo pusieron de pie la agricultura y la industria; se implantó una política de vialidad. Todo esto inspiró respeto y consideración en otros estados, los cuales reconocieron su soberanía e independencia y posteriormente se aprestaron a celebrar tratados de comercio. Desde el punto de vista del aparato legislativo, era una nación con una literatura legal sumamente avanzada. Nada podía envidiar en ideales y propósitos a las de su tiempo. Lo que faltaba era realizarse a sí misma, siguiendo la letra de este moderno y avanzado programa, pues faltaba vivir su espíritu.

Al hijo del país con ciertas luces, se le llenó el pecho de aire agreste y de orgullo.

Con el año 1830 terminó lo que podríamos llamar la estructuración de una nueva nación con todos los elementos para constituirse dentro de un orden de libertad y de garantía, de paz y de concordia, de trabajo y progreso y en general de democracia para la convivencia política, social y administrativa. Con todos estos elementos logró atravesar el año 1831 sin alteraciones. Pero ya en 1832 fue notorio que los reaccionarios, para sofocar los principios acordados, habrían de recurrir a las vejaciones de siempre. En este mismo año de 1831 apareció, con el intento de avasallar la República Federal, el primer brote de rebelión en el Estado del Salvador. Como hemos dicho, la reacción era el motor que, con pasión reconcentrada y aviesa, ansiaba ganar el desquite de su derrota. La paradoja, sin embargo, era notoria: el Estado del Salvador encarnaba la tradición más liberal entre todas las antiguas provincias, encarnaba el pueblo que mejor comprendía la revolución capitaneada por Morazán.

¿Qué explicación tenía esto? Nada más que el jefe de este Estado, José María Cornejo, conspiraba a favor de los reaccionarios y era, en consecuencia, un enemigo de las instituciones republicanas. En la sombra se había puesto en comunicación con los enemigos más visibles. El expresidente Arce invadió por Soconusco; el Cnel. Vicente Domínguez invadió por Trujillo, y un español de nombre Ramón Guzmán quiso apoderarse del fuerte de Omoa (estos dos lugares últimos en el Estado de Honduras).

Como se ve, la rebelión era formidable. Al verse acometido el destino de la nueva nación, Morazán, sin miramientos para su investidura de presidente, requirió su espada de militar y se lanzó a sofocar aquella pretensión de avasallamiento. No solamente defendía su puesto, su deber, sino sus convicciones y el espíritu de las instituciones que él había jurado. Ya el jefe Cornejo había conquistado la voluntad y asentimiento de las Asambleas del Estado del Salvador. Esta entidad había decretado la separación del Estado del Salvador del pacto federal. Naturalmente, todos los demás Estados reprobaron semejante conducta, ofrecieron su adhesión al Presidente Federal y se prepararon a castigar a los revoltosos. En el Salvador mismo, como hemos dicho, el pueblo se opuso a las disposiciones de aquellos funcionarios que violaban las leyes que habían jurado.

El presidente Morazán, entretanto, facultado por el Senado, preparó como primera providencia el traslado de la Capital desde Guatemala a la ciudad de San Salvador, capital del Estado de El Salvador. Razones estratégicas y políticas aconsejaron esta medida: desde el punto de vista estratégico se pensó en la ventaja geográfica para obrar contra los cabecillas Arce y Domínguez; desde el punto de vista político se pensó en dos cosas: que estaba allí el pueblo que siempre se distinguió por defender las libertades públicas y, en segundo lugar, se satisfacía de este modo la tradicional rivalidad entre El Salvador y Guatemala por representar la capital del Estado Federal.

Así las cosas, Morazán se puso en camino, pero al llegar al pueblo de Jalpatagua recibió el decreto sancionado por la Asamblea del Salvador por el cual se prohibía la entrada de las autoridades federales dentro de la jurisdicción del Estado. Este solo hecho beligerante demostraba su rechazo del pacto federal. Morazán desconoció tal medida; disciplinó su ejército formado por fuerzas salvadoreñas, nicaragüenses y hondureñas y enderezó su marcha entrando por el departamento de San Miguel. Venía con terrible majestad de ademán y de acento, desgajando de sus labios palabras conminatorias, propias de un creyente de la Constitución ante un hereje como lo era Cornejo. Éste también preparó su ejército de 600 hombres en el pueblo de Jocoro, pero Morazán no era un militar que improvisaba, sino que planeaba con genio y pericia militar.

Colocó una parte de sus fuerzas estratégicas al frente y la otra parte a la retaguardia del enemigo. Luego puso en práctica un recurso cronológico: rompió el fuego a las tres y media de la mañana del día 14 de marzo de 1832; contestó el enemigo sobre el flanco derecho de las fuerzas federales. Luego se suspendió el combate para reanudarlo al aparecer las primeras luces del amanecer, pero en esta segunda carga el ejército federal acometió en tal forma que sofocó el ímpetu enemigo y, al verse avasallado, huyó. Con el día, Morazán encontró el campo libre.

El vencido José María Cornejo dio grupas regresando a San Salvador, en donde de nuevo se fortificó. Allí fue informado que se le habían sublevado los jefes de los pueblos de Metapán, Sonsonate y Chalatenango. Morazán, entre tanto, prosiguió su viaje a San Miguel. Allí tuvo noticias de nuevos contingentes que le venían desde Guatemala al mando del Cnel. Prem. Al unirse con este militar prosiguieron el viaje para la capital del Estado disidente en donde los esperaba Cornejo. La vanguardia del ejército iba bajo las órdenes del Cnel. colombiano Narciso Benítez, quien disolvió una avanzada de Cornejo en el pueblo de Soyapango. Benítez hizo prisioneros a los servidores de Cornejo.

Poco después, el presidente Morazán acudió al punto con el propósito de continuar la marcha e ir a reducir a Cornejo. Pero previamente estableció su plan de ataque; señaló como puntos el lugar de Milingo, el camino de Soyapango y el lugar llamado la Charca. También ideó como recurso distraer al enemigo llamando su atención desde lugares laterales. La primera brigada de infantería, compuesta de oficiales y soldados nicaragüenses, iba bajo el mando del ya recordado Benítez; la segunda, compuesta de oficiales y soldados hondureños, iba bajo el mando del Tte. Cnel. F. Domínguez. Una y otra arrojaban un saldo de 400 hombres. Planeada así la campaña, Morazán se dirigió a las fortificaciones de la Charca, después de indicar ulteriores instrucciones para iniciar el ataque en una forma integral.

El resultado fue tan eficiente que ambos jefes se apoderaron simultáneamente de sus respectivos objetivos, y el intrépido Benítez llegó hasta situarse en una situación peligrosamente comprometida a pocos pasos de la plaza. Pero el Comandante de la división de Nicaragua, Cnel. Ramón Valladares, vino en su ayuda. El combate prosiguió e hizo retroceder a las huestes de Cornejo en una forma que no tuvo más remedio que salir, finalmente, pisoteando su propia sombra en declarada derrota. Esto ocurría el 28 de marzo de 1832, y el ejército de Morazán, en total, era de 800 hombres. El combate duró apenas 2 horas. Junto a este triunfo llegaron noticias a Morazán de la derrota simultánea de Arce por los Cnles. Raoul y Martínez, y la no menos de Ramón Guzmán, realizada por los coroneles Terrelonge,

Gutiérrez y Ferrera. Todos estos cabecillas fueron reducidos y luego pasados por las armas.

Nuevamente el sol resplandecía. Morazán, en su carácter de Presidente, se preparó a dictar las medidas para encauzar el Estado de El Salvador dentro del orden de la legalidad. Emitió un decreto para asumir el mando y, acto continuo, hizo los preparativos y la Asamblea eligió Jefe y Vicejefe del Estado de El Salvador. Fueron electos don Mariano Prado y don Joaquín San Martín. El segundo, ansioso de poder, aportó nuevas rencillas que hicieron posible el distanciamiento y la renuncia del jefe Prado y que nuevamente puso a Morazán fuera de su curul de gobernante y, en la mano con su caballo, sostenido del diestro, se preparaba para la guerra.

Pero aquí ha empezado ya el año 1833.

En efecto: estamos en 1833. De nuevo aparecen delaciones, conspiraciones, revoluciones. Detrás de estos movimientos ciegos está, sin embargo, el espíritu reaccionario. Es el feudalismo o la tradición que no se resignan a ser suplantados por las instituciones republicanas. Estas fuerzas sepultadas o subterráneas pugnan por salir a flor de tierra. Pero trabajan a tientas, sin autoridad moral y sin estrategia militar.

Como decíamos, en el nuevo gobierno de El Salvador continuaron las dificultades entre el Jefe y Vicejefe del Estado. Vale decir que Morazán se equivocó esperando la tranquilidad de la Nación. No obstante, San Martín, el Vicejefe, juzgado arbitrario e impulsivo, tuvo, sin embargo, sus partidarios.

Esto conmovió más la conciencia nacional y el Gobierno Nacional. Ya por este tiempo San Martín se había declarado en rebeldía hasta llegar al asesinato del general Máximo Menéndez, acto que hizo necesario que el Congreso Federal, reunido a la sazón, dispusiera la traslación de las autoridades hacia El Salvador. En este momento ya estamos a principios del año 1834. Morazán siempre tenía como norma agotar los medios pacíficos, y eso mismo hizo esta vez. Pero San Martín, tras de aceptar las propuestas conciliatorias, violó su palabra comprometida. Esto hizo posible una intervención de fuerza.

El jefe disidente, inclusive, asesinó al emisario del Gobierno Nacional. Este ulterior crimen estremeció la conciencia popular y el propio Congreso suspendió sus sesiones, pues considerando el fuerte ejército que ya capitaneaba San Martín, se creyó que llegaría hasta atacar la Capital Federal, en donde sesionaba el Congreso.

En efecto, el 23 de julio de 1834 fue divisado el enemigo en un punto denominado San Jacinto, en camino hacia la Capital. Morazán, sin pérdida de tiempo, reconcentró sus escasas fuerzas, que se componían de quinientos soldados que habían venido de Guatemala (pues como hemos dicho, la Capital ahora estaba instalada en San Salvador) y cien patriotas salvadoreños voluntarios.

De inmediato, la situación resultó tan angustiosa, que Morazán tuvo que exaltar la moral de los suyos con las siguientes palabras: "Valientes soldados: dentro de breves instantes seremos atacados por el enemigo; es necesario que no vayáis hoy a desmentir vuestro valor. Allá (señalando al enemigo) está la muerte; aquí (mostrando la espada) está la gloria. El que no quiera pelear que lo diga con franqueza, porque jamás se puede obtener un triunfo con hombres forzados".

Morazán, que tenía la facultad de ejercer influencia y dominio, poco temía, usando estos términos, de sentirse acosado. En otras palabras: la posibilidad de que el triunfo llegara a faltarle no entraba como una helada ventisca a congelarle el corazón, sino como un motor a estimularlo. La diferencia numérica era considerable; el enemigo le amenazaba con tres mil hombres, Morazán solo se podía defender con seiscientos. La arremetida de San Martín rompió algunas avanzadas de Morazán, pero por inmediata orden de éste, la caballería protegió a aquéllas, luego la infantería avanzó decidida y el fuego nutrido de ambas partes continuó ininterrumpido; mas las fuerzas enemigas habían perdido su moral y su flaqueza era notoria. No obstante, algunas compañías del ejército de San Martín avanzaban sorprendiendo al Presidente con una lluvia de balas, en tal forma que una de ellas lo hirió levemente. Morazán descubrió que este ataque surgía de un edificio vecino y ordenó de inmediato que algunos de sus más heroicos soldados se introdujeran por una tronera. Los que así hicieron, una vez adentro, lucharon con sobrenatural arrojo, a bayoneta calada, hasta destruirlos. Terminado esto, el grueso del ejército comenzó a abandonar la plaza, dejando como estela las calles sembradas de muertos y de heridos, mientras Morazán reducía como prisioneros a una buena parte.

El combate había durado 5 horas. Morazán instaló como jefe provisional del Estado al general José Gregorio Salazar, mientras se convocaba al pueblo para elegir las autoridades legales. Sin embargo, poco después, Salazar entregó la jefatura al Vicejefe José María Silva.

Cuando el acto electoral, tras la convocatoria de elecciones, tuvo lugar, salieron designados el ya conocido estadista don Dionisio de Herrera y el propio Silva. Herrera no aceptó y, en una nueva elección, fue electo definitivamente el general Nicolás Espinosa.

Más importante que la elección de un jefe de Estado, era la elección del supremo jefe de la Nación. El 2 de marzo de este año de 1834 se produjo la muerte irreparable del hijo intelectual por antonomasia, orgullo de la patria, el sabio José Cecilio del Valle. Cuando esto sucedió, el acto electoral se había llevado a cabo y del Valle había sido electo en comicios limpios para sustituir a Morazán como Presidente Federal. Ejemplar y aleccionador es este hecho en que un espíritu apolítico es electo para sustituir a un general por creer que su sapiencia puede servir mejor que nada a la solución de los problemas nacionales.

Pero más meritorio que el hombre electo por sus virtudes es el instinto del pueblo que entrega a un sabio y no a un político profesional el gobierno. La muerte, acaecida en el momento de su investidura, produjo dos consecuencias inmediatas: el reconocimiento de sus méritos que culminó en la misma cámara con una apoteosis de discursos halagadores, y luego la oportunidad para demostrar la cultura cívica del pueblo. De este modo se demostró el ejercicio del sufragio como una de las conquistas democráticas del país. Muerto Valle, se acudió a nuevas elecciones y esta vez fue reelecto el propio Morazán, quien ya en la anterior elección había sido vencido por poco margen.

El Congreso Federal practicó el escrutinio de la elección el día 2 de febrero de 1834, debiendo prestar juramento y tomar posesión del cargo el 14 del mismo mes.

Sin embargo, durante el primer año de este segundo período de gobierno, es decir, el año 1835, Morazán pudo reconocer con desencanto que el Estado de El Salvador continuaba siendo la oveja negra del rebaño.

En efecto, la actuación del general Espinosa no satisfacía las aspiraciones del pueblo salvadoreño debido a su funesta administración y poco tacto político. De nuevo Morazán, que con sus funciones de gobernante investía su recurso de militar, se preparó para conjurar a tiempo las nuevas dificultades. De la misma manera que

San Martín, el nuevo jefe Espinosa aceptó negociar con Morazán, pero imponiendo también sus condiciones. Morazán se dirigía a San Vicente, capital por ese tiempo del Estado, y Espinosa envió un emisario haciendo la proposición a Morazán de que solo dejaría el poder conjuntamente con el Vicejefe Silva. Esta vez el Presidente aceptó la propuesta, y el propinante Espinosa la cumplió. Conjurada así la situación, la Asamblea Ordinaria del Estado dictó, entre otras resoluciones, la que reconocía los sacrificios del Presidente de la República en bien del Estado, otorgándole el título de General de su ejército y exaltándolo al alto rango de Benemérito de la Patria.

Merced a que la capital de la Nación carecía de una porción de territorio que sirviera de Distrito Federal, el gobierno tenía que mudarse según la conveniencia política o la estrategia militar, pues estaba siempre amenazado. Con motivo de este segundo período de gobierno, nuevamente rindió cuentas ante la Asamblea Nacional reunida el 21 de marzo. En este mensaje sugería por primera vez la necesidad de acreditar un Ministro cerca del gobierno de Washington, así como los medios de crear fuentes económicas para el mantenimiento del gobierno y el nivel de vida de la población. En suma, trataba de los problemas económicos, sociales o políticos, y en cuanto a la educación decía: "Un pueblo que, rompiendo las cadenas de la esclavitud, se arroja de repente en el camino de la libertad no puede marchar sino buscando en la educación el cultivo de su inteligencia e instruyéndose en el cumplimiento de su deber."

En fin, en este mensaje se revelaba el estadista, el político y el militar en las medidas que se proponía para el mejoramiento de la Nación.

Durante los años 1836 y 1837 la Presidencia de la República ejercida por Morazán con sede en El Salvador se desenvolvió en un ambiente de tranquilidad. Pero el partido clerical y aristocrático continuaba maniobrando en la sombra, pues había sido desalojado desde el año 1829. Se valió inclusive de la ignorancia de la clase popular y para ello se sirvió del cólera, la terrible epidemia que en el año 1837 azotó a todo el mundo. De este flagelo se sirvieron los aristócratas y clericales para explotar la ignorancia y el fanatismo, haciendo creer a las gentes que era castigo de Dios para que se levantaran en contra de Morazán, que estaba excomulgado.

Naturalmente que era un recurso vil y que hizo suponer la especie de que el gobierno había ordenado el envenenamiento de las aguas para terminar con la raza indígena. La sublevación fue mayor en los pueblos de Guatemala, cuyo gobierno pidió auxilio a la Capital Federal, pero ya el jefe de la insurrección, indio él mismo y que estaba llamado a gran papel en la historia del país, Rafael Carrera, había entrado en la plaza de Guatemala donde permaneció por algún tiempo.

Morazán salió de San Salvador después de abandonar la presidencia y se dirigió a la ciudad de Santa Ana, en donde organizó un ejército de 1,300 hombres el 9 de marzo de 1838 y de aquí partió hacia la ciudad de Guatemala con el fin de atacar a Rafael Carrera.

Mientras tanto, en Guatemala había dos grupos políticos y ambos enviaron emisarios a negociar con Morazán. Las proposiciones de ambos resultaron ser tan poco relevantes que Morazán las desechó, pues prácticamente ninguno consideraba la situación a base de principios sino a base de su conveniencia partidaria. Naturalmente, Morazán, que se orientaba siempre por sus convicciones, al negarle su ayuda, automáticamente renunciaba al aporte político y militar que ellos le podían suministrar.

De Corral de Piedras continuó la marcha y en el primer combate en que encontró a los facciosos los venció. En este lugar, llamado Mataquescuintla, emitió un decreto por el cual quedaba el distrito bajo el régimen militar y se ofrecían garantías a los que se presentaran a las comandancias establecidas.

De este lugar continuó Morazán hacia la capital guatemalteca; nuevamente volvió a encontrar emisarios de los dos bandos políticos, y era curioso que, mientras ambos temían la entrada del caudillo que avanzaba con hordas salvajes, mutuamente se desacreditaban y calumniaban. De nuevo Morazán desechó todo compromiso con uno u otro. El día 16 de abril arribó a la capital y, enseguida, una comisión de 14 individuos que decían representar a todas las clases, corporaciones y gremios y que a su vez venían acompañadas de personas de ambos sexos, pidieron que hiciera desaparecer la autoridad suprema del Estado y que él la asumiese. Prácticamente se le insinuaba la oportunidad de imponer una dictadura, cosa totalmente en desacuerdo con el espíritu republicano de Morazán.

Tres días después, dirigió un oficio en que exponía los medios para remediar la mala situación, y la Asamblea Nacional emitió un decreto por el cual las autoridades del Estado de Guatemala se colocaban bajo la protección del Gobierno Nacional, vale decir que el Presidente Federal en persona asumía los derechos del Estado. Esta actitud era desde luego legal por previo consentimiento de la Asamblea Nacional, según acabamos de ver.

Así las cosas, la capital fue nuevamente amenazada por los facciosos y con ese motivo las autoridades se trasladaron a la Ciudad de la Antigua, permitiendo al Presidente Federal que gobernara en el distrito de Guatemala. Con todas estas facultades tomadas en un puño, Morazán se trazó una firme línea de conducta en defensa de los principios en que estaba constituida la República. Organizó y disciplinó sus fuerzas para atacar a los insurrectos que, a la orden de Carrera, acampaban en Jutiapa, Jocoy, Mataquescuintla y Amatitlán. En estas acciones de armas intervino a menudo el general Morazán, derrotando siempre a los revoltosos.

Cuando aún se encontraba Morazán en esta convulsionada tarea, el Congreso Federal de San Salvador emitió el 30 de mayo de 1838 la inaudita medida, por decreto, declarando los Estados libres para constituirse del modo que tuvieran por conveniente, pero conservando la forma republicana, popular y representativa. Como si esto fuera poco, recibió órdenes para regresar a la Capital Federal, dejando al coronel Carballo como jefe del ejército. La ausencia de Morazán sirvió para aumentar las ambiciones de Carrera y las posibilidades de triunfo. Su conducta era la de una tromba humana que desbordaba produciendo saqueos, devastadores incendios, asaltos a la propiedad privada, violaciones a las mujeres y mil crueldades que hicieron a los vecinos desesperar y llamar de nuevo a Morazán.

Éste, en la Capital, tenía que permanecer para encarar la disolución del Pacto Federal. Sin embargo, abandonó tan grave asunto y volvió hacia Guatemala.

Pero ya Carrera era temible. Estaba atrincherado en el lugar llamado Villanueva y allí fue atacado por 850 soldados contra 1,500 que capitaneaba, pero que no le impidieron la derrota. Entretanto, Morazán, a marcha forzada, llevaba 1,000 hombres que le había facilitado el gobierno de El Salvador.

En este viaje y en el lugar llamado El Guapinol, Morazán fue objeto de un atentado criminal, confabulado por la imposibilidad material de vencerlo de otro modo. En este punto fijo, al atravesar seguido de su secretario y en un instante de relativa soledad, fue sorprendido por un disparo en el preciso momento que su caballo tropezaba y caía, circunstancia todopoderosa que lo salvó de muerte inevitable. La víctima fue su acompañante, el licenciado Juan Milla. Siguiendo su marcha, el general en jefe, sano y salvo, se adelantó a su división, acompañado solamente de sus edecanes, del presbítero Luis Cambronero y del ciudadano Juan Barrundia, con quienes llegó a la hacienda de Arrazola, con el objeto de establecer allí su Cuartel General y ponerse de acuerdo con las fuerzas del general Salazar para atacar a Carrera una vez que tuvieran conocimiento del número y condiciones en que éste se encontraba.

Dos problemas se agitaban como nubes colgando en el cielo y ellos eran la disolución del pacto federal y la aparición de un arquetipo de las fuerzas instintivas y bárbaras, una especie de Facundo Quiroga que en vez de correr por la pampa plana se descolgaba por las estribaciones y malezas de la serranía centroamericana. Carrera significaba el malón que privaba al nativo del régimen de su propia conciencia —ésta todavía embrionaria— y le imponía la suya de puro arrebato, instinto y arbitrariedad. El sueño morazánico de un mundo mejor en el seno de las instituciones liberales se desvanecía.

Otro atentado contra la vida de Morazán se produjo poco después del que acabamos de señalar y a poco de llegar y ampararse en la casucha de la hacienda de Arrazola. Y en este hecho fatídico un fenómeno de rara psicología se produjo en los asesinos, cuya conciencia alarmada paralizó sus brazos en el momento de hundir el puñal a Morazán. He aquí la forma como narra este hecho un historiador:

"Y fue en este lugar donde por segunda vez se atentó contra la vida del libertador. Los criminales escogidos para consumar el asesinato yacían ocultos en la habitación contigua y comunicada a la pieza, premeditadamente escogida para habitación del Gral. Morazán, a efecto de expeditar el ignominioso crimen. Llegada la hora convenida para perpetrarlo, en el misterio silencioso de la noche, y válidos de la impunidad que les prodigaba el momento en que el gran patriota dormía profundamente en su lecho de campaña, sigilosamente y armados de puñales, listos para dar el rudo golpe que cortaría el hilo de aquella preciosa existencia, la conciencia de aquellos asesinos fue sacudida, se rebelaron contra sí mismos, y el ímpetu del mal súbitamente contenido por el arrepentimiento anonadó la acción criminal de los malvados que huyeron, espantados de su ignominia, entre las sombras de la noche".

De este lugar de Arrazola marchó Morazán a la Villa de Guadalupe, en donde encontró al ya citado y necesitado Gral. Salazar, quien informó del enemigo. Morazán decidió marchar inmediatamente hacia la plaza de Guatemala. Su aparición fue motivo de regocijo popular y la primera providencia adoptada, en su carácter de Presidente de la República y Gral. en Jefe del Ejército Federal, fue un decreto fechado el 24 de octubre de 1838 en el que declaraba al Estado de Guatemala bajo el régimen militar y se permitía así imponer una disciplina libremente. De nuevo, frente al pavor que inspiraba Carrera, le ofrecieron tanto liberales como conservadores el usufructo de la dictadura. De nuevo Morazán se opuso. Entre estos instigadores estaban el aristócrata don Juan José Aycinena y don Manuel Francisco Pavón. Dícese que a los argumentos ciertos y reconocidos como valederos por el propio Morazán, contestó: "me someto a la suerte, aunque sé que combatido por todas partes al fin sucumbiré, pero sucumbiré acompañado de mis convicciones".

Carrera aprovechó la estadía de Morazán en Guatemala para lanzarse y someter la ciudad de Santa Ana, en el Estado de El Salvador, y la Villa de Ahuachapán. Como de costumbre, realizó aquí saqueos y fechorías en la noche del 25 de octubre de 1829. Acude Morazán sin pérdida de tiempo, le persigue como un perro de aguas y finalmente le da alcance en la ciudad de Chiquimulilla, en donde nuevamente lo derrota, destruyendo a una parte de sus tropas y sometiendo como prisioneros a la otra. Curiosamente, había algunos clérigos de nombre Aguirre, Girón y Aqueche, que no solamente acompañaban sino que instigaban al caudillo y sus hordas. Pero Carrera consiguió escapar.

Morazán se encontraba debilitado y enfermo, y con ese motivo se refugió en la hacienda de Guajes. Su desgaste nervioso y físico era sobrehumano; de aquí fue llevado a la ciudad de Guatemala no sólo como un enfermo, sino como un ángel de la guarda, pues la población en pleno de aquella ciudad temía ser acosada por Carrera. Rehabilitado, puso en práctica su primera disposición en Guatemala, convocando a una Asamblea Extraordinaria para que eligiese un nuevo Jefe del Ejecutivo para reemplazar al titular que demostraba debilidad e ineptitud. La Asamblea insinuó a Morazán la conveniencia de que eligiese al gobernante o asumiese él mismo el poder. Nuevamente Morazán se opuso y prefirió vigilar que la escogencia del candidato fuese la libre expresión del pueblo. La elección recayó en el Gral. don Carlos Salazar, ya mencionado como adicto a Morazán y vencedor de Carrera en la sangrienta acción de Villanueva. Otro decreto emitió la Asamblea: excitó a los gobiernos de Honduras, Nicaragua y Costa Rica para que no se separasen de la Federación. Esta misma cuestión, tanto o más importante que la eliminación de Carrera, hizo necesario que Morazán regresase a la Capital de la República. Pero por este tiempo, una región del Estado de Guatemala, Los Altos, decidió separarse del Estado con la pretensión de formar un sexto Estado de la Federación y, para granjearse la voluntad del Presidente de la República, le remitieron un ejército a las órdenes del Gral. Agustín Guzmán, quien entre otras cosas entró en negociaciones de paz con Carrera, celebrando el tratado de El Rinconcito, por el cual se permitía a Carrera ocupar su antigua posición de funcionario, es decir, la Comandancia de Mita, de donde había salido para alcanzar renombre de revolucionario.

Una condición exigía el tratado: entregar las armas, y fue el compromiso que no cumplió Carrera. Esta negociación, buena por sus fines aunque un poco ilegal por sus medios, fue sin embargo aprobada por el Gobierno Federal y hasta se creyó asegurada la tranquilidad de Guatemala, lo cual obligó a Morazán a dispersar su ejército, que por otra parte exigíalo así la penuria de la renta del Estado como también la carestía de brazos para la subsistencia de sus familiares.

Pero los males no venían solos: al llegar este instante y sin ningún fundamento constitucional, o quizás por la anarquía o por la mala interpretación del decreto del 30 de mayo emitido por el Congreso Federal, lo cierto es que en este mismo mes de octubre se declararon desligados de la Federación los Estados de Honduras, Nicaragua y Costa Rica. Año terrible es este en que termina: 1838. Morazán tuvo que llorar lágrimas paternales sobre aquel hogar que se deshacía, frente a aquellas hijas sin espíritu de familia, anárquicas, voluntariosas y acaso lo bastante ignorantes para apreciar los consejos y las medidas de un hombre cuyos desvelos, fatigas e incesante trajín, de nada sirvieron.

Pero todavía era peor el virus de la disolución: Honduras y Nicaragua se unieron y se prepararon para invadir el Estado de El Salvador. Esto ocurría en 1839 y poco después de cumplirse el 1.º de febrero, fecha acordada constitucionalmente para efectuar elecciones y cambiar las autoridades supremas. El Estado salvadoreño se aprestó a defenderse del ataque de los otros dos Estados, y para lo cual su

Asamblea emitió un decreto ese mismo mes y año. Pero los dos Estados tenían ya en armas un ejército; Nicaragua enviaba 1,000 hombres que entraban por el Departamento de San Miguel y acampaban en la hacienda de Corlantiques, y Honduras enviaba a un general de apellido Ferrera, destinado a gran relieve revolucionario en el futuro, con 1,700 hombres que acudían a reunirse con las fuerzas nicaragüenses.

Ante esta amenaza horrorosa de justicia y de legalidad, Morazán, que ya no era un funcionario sino un militar y un patriota, se colocó al frente de la escasa defensa salvadoreña. Sabía cuál era su pequeñez y que tenía que medirse con dos ejércitos superiores en fortaleza. Echó mano a su plan, que tendría que ser siempre de mejor pericia y ciencia, ya que otra vez sus dotes militares y sus recursos técnicos le habían dado un triunfo contundente. Así planeó esta vez, concibiendo la siguiente estrategia:

a) internarse en territorio hondureño para atacar de inmediato a Ferrera y evitar así la unión con el nicaragüense, y

b) interceptar el paso al jefe nicaragüense para evitar que llegara a la capital, en donde se haría invencible.

Vale decir que, en vez de atacar a un ejército poderoso y dueño de una moral nacida de su número y de su ubicación estratégica, atacaría de inmediato a dos ejércitos menores, todavía sin trincheras y sin una moral bien templada. Otra cosa hizo: en la hacienda de San Francisco, vecina al lugar en que estaban las fuerzas nicaragüenses, dejó parte de su ejército y él prosiguió con el resto para ir a buscar a Ferrera.

Los nicaragüenses atravesaron el río Lempa y quisieron sorprender, lo cual en efecto consiguieron, venciendo al ejército que había dejado Morazán. Sin embargo, a los soldados derrotados no les acobardó aquel fracaso, y así jefes, oficiales y soldados, lejos de Morazán que dictara su conducta, se dirigieron a Sensuntepeque para reorganizarse. Bastante triunfo habían obtenido con demorar la marcha de los nicaragüenses hacia la capital.

Pero Morazán interrumpió su viaje al tener noticias y también volvió grupas a Sensuntepeque para revisar de nuevo su plan. En el interín, los nicaragüenses regresaron al cuartel general de Corlantiques y desde allí mandaron una parte del ejército directamente a la capital para llegar primero con la vanguardia. Morazán mandó a su vez otro contingente a que los persiguiera. El jefe de esta facción nicaragüense era de apellido Quijano y el perseguidor, destinado por Morazán, el Gral. Benítez.

A una ingeniosa treta echó mano Benítez para burlar la ventajosa posición de Quijano, mandándole instrucciones (como si fueran firmadas por su jefe Méndez) ordenándole abandonar San Vicente para dirigirse a Cojutepeque. El engañado puso en práctica el engaño y echó a caminar desviado de su objetivo ventajoso, pero por precaución mínima penetró al verde valle de Jiboa, lugar en que oyó pasos seguidores y el tumulto emocional lo azotó al reconocer que había caído en una trampa inaudita y voló más que corrió a ocupar las escalonadas alturas del valle. Todo era ya tarde: Benítez lo tenía a tiro de escopeta y, si bien no en topografía propicia, su valor temerario le sirvió para lanzarse contra Quijano tras desplegar en guerrillas a sus soldados. Empezó el fuego por ambos flancos, primero nutrido, luego intermitente, al final dramático con la bayoneta calada, mas ya le tocaban el hombro a Benítez dos héroes: su jefe, el general Morazán, y su par, el general Cabañas. Quijano fue vencido y luego derrotado.

Después del triunfo de las lomas de Jiboa, Morazán acudió a Cojutepeque para continuar, después de reorganizar su ejército, hacia la hacienda del Espíritu Santo.

En la tarde del 4 de abril, Morazán detuvo la marcha de sus 800 hombres de origen salvadoreño que lucharían contra 1,700 hondureños apostados por Ferrera.

El lugar era la periferia del caudaloso río Lempa y la estación era la primavera tropical. Reconoció el caudillo el lugar y al día siguiente, sabedor de que el enemigo lo seguía, dispuso ir a esperarlo en un terreno plano a orillas de un cerro boscoso, vecino a otras dos alturas también cubiertas de plantación, pero con una entrada natural entre sus dos flancos. En la tarde de ese día se desencadenó una recia tormenta, malogrando así el propósito de ataque que se proponía el enemigo. Sin embargo, la mutua desconfianza entre los dos cuerpos bélicos hizo posible que la tensión que los embargaba se liberara al principiar la noche en que entraron en batalla.

Ello se debió a que Ferrera mandó romper el fuego y Morazán, tomado de improviso, ordenó la primera descarga en forma harto certera. El atacante retrocedió un tanto. Morazán, que ya no podía evadir la agresión y que no había empezado mal, ordenó reforzar su vanguardia. Los aliados, cuya vanguardia había sido destrozada, imprimieron a su fuerza una nueva acometida, esperando debilitar aquella insólita resistencia de las fuerzas de Morazán.

Sin embargo, el pequeño ejército salvadoreño, estimulado con la presencia del caudillo, se sentía cada vez más seguro para proseguir. El diapasón bélico se identificaba con el sordo rumor de la lluvia y la emoción rayana en delirio de los hombres peleando como fieras en medio de la noche y en el corazón de la selva. Así se mantuvieron mucho tiempo. No era posible desertar ni tampoco era posible avanzar sin peligro de la muerte. Finalmente, esa extraordinaria resistencia empezó a amainar en el bando morazánico frente a las columnas como trombas que brotaban del bando enemigo. Fue entonces cuando Morazán recurrió a esa conocida reserva moral de energías y lanzó sus últimos recursos de hombres, estimulándolos con su ademán y con su presencia.

Volvió a empezar en crescendo el combate, pero la oscuridad era tan grande que se confundían amigos con enemigos y, cuando esto sucedía, no les quedaba más remedio que esperar la luz de un relámpago esporádico para asaltar como panteras la cara de prójimo que les rozaba el cuerpo. Junto a Morazán estaban Cabañas y Benítez como dos alas de un motor que sube sobre la pendiente. Los tres, en sufridos y ágiles caballos, buscaban en sí mismos la energía suficiente para confiarla en palabras a sus huestes. Fue posiblemente en esta vicisitud que Benítez fue lanzado de su corcel con una bala en el pecho. En verdad que su crespón lo formó aquel trozo de noche oscura en que la vida era pasión y no silencio. Para amasar mejor la tensa pasión humana vino con la noche la tormenta horriblemente despiadada. Como ambos bandos estaban vencidos e impotentes, fueron calmando sus ánimos y culminó la batalla en una paz que solo interrumpían los goterones. Fue una tregua impuesta por los elementos. Fue también el fruto de la reflexión morazánica: sabía que el número, sin un horizonte abierto en que esgrimir nuevos planes, habría de terminar con el heroísmo de su menor número de soldados.

Sea como fuere, la verdad es que en aquella aparente derrota de Morazán, las cosas tuvieron otros hechos. Un historiador comenta así el desenlace: que no fue otro que hacer que el enemigo luchara entre sí. He aquí sus palabras:

"Las breves horas de espera pasaron sin novedad; a las tres de la mañana, bajo el silencio más profundo de la hora, el Gral. Rivas se acercó a la parte de su gente que tenía emboscada en el cerrito, llevando tras de sí el resto de sus fuerzas, que ya unidas fueron alistadas en el mayor silencio para lanzarse a la lucha. Al mismo tiempo, Morazán y Cabañas, haciéndose seguir de una partida y protegidos por la sombra de la noche, se introdujeron en el seno de la verdura que separaba las dos alturas en las que estaban fortificados los aliados. Una de ellas estaba ocupada por los hondureños y la otra por los nicaragüenses: mientras los aliados se creían asegurados en sus alturas, en su base se oía apenas el sordo chocar de las hojas bajo las pisadas de la partida que seguía a sus jefes Morazán y Cabañas. A una señal de éstos, un tiroteo dirigido a ambos lados interrumpió el silencio".

El efecto fue admirable: hondureños y nicaragüenses, engañados por el tiroteo, creyeron que el adversario estaba en posición de una u otra altura y, suponiendo una verdad aquella ficción, rompieron entre sí el fuego tirándose unos a otros, produciéndoles tal error numerosas bajas. Empeñada así la lucha entre ambos aliados, Morazán y Cabañas regresaron con los suyos al centro de la emboscada, desde donde pudieron apreciar el efecto de su maniobra.

Cuando el sol despojó a los hombres de la noche que los había confundido, pero al mismo tiempo estimulados en sus pasiones, los ejércitos aliados —es decir, los hondureños contra los nicaragüenses— seguían peleando entre sí. Morazán, el estratega, aprovechó el momento. Gritó a los suyos: ¡seguid a vuestro general! y avanzó como una tromba, seguido de los suyos. Como se comprenderá, tuvo buen cuidado de que el ataque se hiciera por retaguardia sobre ambas alturas. Si se reflexiona, se observará que la treta fue habilísima, pues cuando los aliados reconocieron su error, ya toda su superioridad numérica de nada les servía. A las fuerzas de Morazán les sobraba confianza por ubicación física y, además, por su anterior descanso de espectadores frente a unos actores enloquecidos.

Lo primero que consiguieron las fuerzas de Morazán fue desalojar a los aliados de las alturas, quienes, confundidos, se trabaron de nuevo en mutuo combate. Esto no duró mucho, sin embargo, pues los salvadoreños, guiados por la pericia de Morazán y el apoyo leal de Cabañas, lanzaron la última carga en forma tan certera que el enemigo escapó dejando el campo cubierto de cadáveres y heridos.

Al salir el sol del 6 de abril de 1839, Morazán había obtenido el más brillante triunfo de su carrera. Trescientos cadáveres yacían a sus pies, pero ellos también estaban heridos y, entre ellos, el propio

Morazán, herido de un brazo y de gravedad Cabañas, el héroe denominado "sin tacha y sin miedo". En la memoria del Cnel. Benítez, cuyo cadáver había que ocultar debajo del olor de la pólvora.

Había sido una jornada en que el alma, tensa de emoción, descansaba agradeciendo a Dios. Aquel triunfo bélico enardeció poco después a los reaccionarios aristócratas de Guatemala. Se difamó a Morazán y nuevamente fraguaron nuevos planes para ultimarlo.

Esta batalla, pues, pródiga en densidad emotiva, tiene elementos de alta estrategia como de grandeza humana; es un drama vivido en el alma de los hombres, transformados éstos en fieras con un teatro de maraña espinosa, de noche oscura y de tormenta cerrada. Sólo las fieras podrían medir así su fiereza; en medio de esa soledad en que primaba la hostilidad humana, haciendo caso omiso de los obstáculos de los elementos, brillaba, sin embargo, el espíritu lúcido de Morazán. Y es muy posible que su espíritu flaqueara, pero le aliviaba el consuelo de que la hostilidad de la naturaleza podría, con su genio militar, convertirla en aliada suya para vencer a un enemigo superior.

Como en efecto sucedió. Tras la perplejidad, asestó el golpe a un ejército confundido, pues entre las fuerzas enemigas había introducido con sagacidad un elemento de discordia. Junto a él estaba el recuerdo de Nicolás Raoul, el alter ego de Morazán. Terminada esta batalla, de las más culminantes, el Estado de El Salvador lo proclamó su jefe. Pero esta investidura sirvió como provocación y el propósito de invadir este estado aumentó entre sus enemigos. Para conseguirlo, los compromisos contraídos nada valían como impedimento moral, pues la única barrera era la física que Morazán les oponía.

Los compromisos de la paz concertada el 5 de junio en San Vicente no despertaban en Ferrera escrúpulos morales o respetos. Esto Morazán lo sabía, y por eso, detrás de la palabra empeñada, alineaba su ejército, como quien bajo un sol de invierno prevé bajo el brazo su saco de agua.

Todo lo cual quiere decir que Morazán tomó precauciones cuando Ferrera, faltando a los pactos, amenazó con invadir El Salvador. Morazán envió a Honduras al general Cabañas; éste malogró los planes de Ferrera, derrotándolo en Choluteca, Tegucigalpa y Cuesta Grande, destruyéndolo al final el 31 de agosto en la ciudad de Comayagua.

Pero Ferrera era un militar tozudo, corajudo y arbitrario. Esta sucesión de desastres no debilitaba su ambición y, tras este último fracaso, fue a Nicaragua y organizó un nuevo ejército de 1800 hombres, mientras que los efectivos de Morazán en este momento llegaban sólo a 400. Pero esta inferioridad de condiciones era precisamente lo universal y característico en su estrategia. Con estos 400 hombres se dirigió a Suchitoto a fin de ofrecer batalla y reducir a Ferrera a la impotencia. Pero su ausencia fue aprovechada por los nicaragüenses que se encontraban en San Salvador, la capital federal, y el 11 de septiembre a la madrugada se apoderaron de los cuarteles. Conseguido esto, amenazaron al ciudadano Antonio J. Cañas y apresaron a los familiares de Morazán, obligando al primero a asumir el poder.

Este episodio revela una faceta de la sombría resignación del alma de un soldado ante su deber. Había sido traicionado en la zona del honor militar y en la región más sensible de su moral de cristiano; su propia familia se encontraba en inminente peligro, como rehenes en manos del enemigo. He aquí lo que Morazán replicó: "Los rehenes que mis enemigos tienen en su poder son para mí sagrados y hablan vehementemente a mi corazón; pero soy el jefe del Estado y mi deber es atacar; pasaré sobre los cadáveres de mis hijos; haré escarmentar a mis enemigos y no sobreviviré un solo instante más a tan escandaloso atentado".

Acumuló la energía moral en el hueco de su pecho; ya no era sólo el militar, era el esposo y padre de familia herido. ¿De qué sirven las alas si el nido del pájaro de tormenta lo encuentra deshecho? Ignoraban sus enemigos la medida de la grandeza y soberbia del héroe. Los rehenes, como él dice, eran sagrados, pero más lo era su obligación de jefe del Estado. No transaría, pues, con la amenaza, y entre la patria y su familia prefirió que se sacrificara a ésta. Sin embargo, sabía —¡y él lo afirma!— que cumplido su deber de militar, no sobreviviría al sacrificio que él, en lucha dramática por el cumplimiento del deber, había permitido en holocausto. Por eso hizo su composición de lugar: cumpliré mi deber, pero cumplido éste, me suicidaré sobre el cadáver de los míos. Con grandeza sombría abjuró de la encrucijada que el destino le tendía: la más difícil de desenredar que hasta ahora había encontrado.

Fácil es deducir la tensa reflexión del héroe, el conflicto y la angustia de conciencia que latía en su pecho. Hecha así su resolución, encomendando su alma a Dios, se lanzó con la absoluta seguridad de que su esposa y sus hijos serían pasados por las armas, y que él lucharía con toda la energía de que es posible el corazón humano hasta vencerlos; vencidos, su vida ya no le pertenecía, pues el precio de ese triunfo importaba un pago sobrehumano: tras el sacrificio de su familia, el renunciamiento suyo a la vida. Se lanzó sobre la capital, y con gran sorpresa observó que los patriotas salvadoreños escapaban de la ciudad y se le venían a incorporar. El triunfo no demoró en llegar, sus enemigos no pudieron resistir aquella abrumadora presión de un desesperado caudillo al frente de un ejército leal. Terminado el combate, como de costumbre, Morazán perdonó a los prisioneros. Siempre atemperaba su ímpetu la fe de que los soldados enemigos carecían de voluntad propia y más bien eran engañados por persuasión de sus jefes.

Los familiares de Morazán habían sido abandonados. Cuando los encontró estaban, a Dios gracias, ilesos, y el héroe elevó preces a la Providencia.

Como recordará el lector, Ferrera lo había desafiado con 800 hombres en el lugar de Suchitoto en el instante en que los nicaragüenses se apoderaron de la capital federal. Ahora bien, Ferrera tuvo noticias del combate de San Salvador y, creyendo vencido a Morazán, se apoderó de Suchitoto, lanzando después una proclama en que postulaba que el Consejo Representativo debía desconocer al Ejecutivo, entregando el mando al ciudadano don Antonio J. Cañas. Este insólito hecho hizo que el 25 de septiembre se librara una ulterior batalla en el lugar denominado San Pedro de Perulapán. La acción se realizó así: Ferrera, al frente de 2000 hombres, se hallaba, como dijimos, en Suchitoto, mientras que Morazán, con 500 soldados, 75 de los cuales formaban el escuadrón de Santa Ana, se encontraba en San Salvador. La noche del 24 de septiembre, Morazán con sus fuerzas se encontraba en el pueblo de San Martín. En cambio, las tropas de Ferrera, entregadas a la bebida, ofrecían un espectáculo poco edificante en la plaza de San Pedro de Perulapán.

El escenario de esta batalla era conocido por Morazán, quien había estudiado todos los rasgos topográficos de la región. Inició la marcha de San Martín a San Pedro de Perulapán en busca del enemigo, eligiendo el camino más largo por razones de seguridad para sus reducidas fuerzas. Por intermedio de su espía, tuvo conocimiento de que la primera avanzada enemiga se encontraba oculta en una hondonada. De inmediato envió 50 dragones al mando de un oficial, guiados por el espía hacia el punto indicado.

Sorprendida en esa forma la avanzada, comenzó el ataque; Morazán envió refuerzo a los 50 dragones, los cuales iban al mando del coronel Rivas, mientras él, con las reservas, entraría en acción en el momento oportuno. Las fuerzas del coronel Rivas tuvieron instantes críticos, pero la proximidad contagiosa de Morazán dio nuevos bríos, acometiendo hasta que el enemigo huyó.

Las fuerzas de Morazán, después de conjurar los primeros obstáculos, continuaron avanzando hacia la segunda línea enemiga ya reforzada, motivo por el cual Morazán se vio obligado a retroceder. Pero, utilizando de inmediato sus soldados de reserva, en tensa lucha obligó al enemigo también a retroceder.

Ferrera no se dio por vencido, organizó un contraataque, previsto por Morazán, quien puso de manifiesto nuevamente ser un gran estratega, ordenando atacar al enemigo por el frente y por la retaguardia.

Este plan surtió efecto, ya que las fuerzas opositoras se desorganizaron, aunque no lo suficiente, puesto que, animadas por su superioridad numérica, atacaron poco después nuevamente.

Siguió la lucha; estaban frente a frente, por un lado un ejército que contaba con los efectivos necesarios y, por el otro, uno cuya única defensa, a falta de número, era la pericia y sagacidad del jefe. La superioridad de hombres del enemigo hizo que por momentos los soldados morazánicos se creyesen vencidos. Advertido de ello, Morazán arengó a sus tropas para infundirles ánimo. Así ocurrió, hasta producirse un final dramático en que los hombres de Morazán derrotaron completamente al enemigo el 25 de septiembre. Al día siguiente, ya en la capital, Morazán condecoró en ceremonia elocuentemente sencilla a sus soldados.

Libradas estas batallas mayores, nuestro héroe se dedicó a proseguir la unificación de los cinco estados de Centroamérica. Este ideal, como se sabe, informaba hasta el más mínimo de sus movimientos. Pero la tregua no duró mucho tiempo; Carrera, que fuera derrotado tantas veces por Morazán, azuzado por la aristocracia y los clérigos, causaba daños a los pueblos de la frontera del Salvador.

Las difamaciones contra el jefe del Estado, instigadas por éstos, iban en aumento; Morazán se propuso conjurar dichos sucesos y convocó a la Asamblea extraordinaria, delegando el mando en el vicejefe Silva. Marchó luego a Guatemala con 900 hombres.

Éste tomó de improviso a las autoridades de Guatemala, ya que tuvieron conocimiento cuando estaba en Corral de Piedras.

Las autoridades, en esta emergencia, dispusieron la defensa de la ciudad. Al propio tiempo, Carrera, con fuerzas superiores, se dirigiría a la hacienda de El Aceituno para atacar a la retaguardia morazánica.

Pero Morazán, habilidísimo en la maniobra, burló la tentativa del enemigo. Al llegar a la villa de Guadalupe y los Arcos, tuvo conocimiento del lugar en que se encontraba Carrera, como asimismo de las fuerzas que disponían en la defensa de la plaza. Decidió entonces tomar la plaza por asalto, cosa que logró merced a un magnífico plan, al cual ajustó su proceder con el arrojo y valor de sus soldados.

La plaza fue tomada el 18 de marzo después de dos horas de cruenta lucha.

El enemigo huyó, yendo en busca de Carrera, pues el fanatismo que les inspiraba era ilimitado.

No obstante su triunfo, Morazán preveía un contraataque de Carrera, quien se encontraba al mando de 5000 hombres. Esto no se hizo esperar, pues los soldados de Carrera avanzaron hacia la plaza recién conquistada por Morazán.

La superioridad numérica de Carrera hizo que los soldados morazánicos se replegasen al estanque de El Calvario y al atrio de la iglesia.

En el ínterin, las huestes de Carrera cometían toda clase de atropellos e injurias.

Carrera, con ese gran ejército en número pero carente de organización, sitió la plaza. Sitio que duró todo el día y la noche, pero creyendo haber derrotado a Morazán, quiso tomar sus últimas posiciones por asalto. Las tropas morazánicas, luchando con gran valor y heroísmo, hicieron retroceder a los invasores, infligiéndoles grandes pérdidas humanas; lo cual desmoralizó a las tropas de Carrera, iniciando la retirada.

Terminada esta acción, la situación de las tropas de Morazán resultó comprometida, pues carecían de agua, elementos bélicos y refuerzos, por lo que optó por abandonar la plaza. Así lo hizo a las 3 de la mañana, librando en el camino encarnizados encuentros con las tropas de Carrera.

Llegado ya a la Antigua, hizo descansar cuatro horas a sus fuerzas, siguiendo luego hacia Ahuachapán. Aquí se enteró de que 800 carreristas le harían frente en el Llano de la Laguna. El combate se produjo, pero bastaron 100 hombres al mando del Gral. Cabañas para poner en fuga a los soldados de Carrera. Esta acción se realizó el 24 de marzo y ese mismo día llegó a Ahuachapán. Tres días más tarde llegó a San Salvador, donde fue aclamado con gran regocijo.

Morazán reflexionó sobre esta vida de zozobra en que el espectáculo espeluznante, la batida a mansalva y el diario conflicto eran el episodio cotidiano. Decidió evitar que siguiese ensangrentándose el suelo centroamericano y delegó el mando en el consejero don José Antonio Cañas. Reuniendo luego una junta de notables, explicóles su determinación de salir del país. Y el 8 de abril, contra todas las súplicas que lo reclamaban, se embarcó en la goleta Izalco en el puerto de La Libertad. Lo acompañaban en el éxodo el Gral. Cabañas, Gerardo Barrios, Doroteo Vasconcelos y otros.

Entre tanto, los familiares de Morazán estaban en el puerto de Chiriquí, órbita jurídica de Panamá, pero a la sazón inexistente la república panameña constituida, territorio de Colombia y nombre de su propia provincia.

Acudió allí Morazán, pues a él como a sus familiares les impidieron desembarcar en Costa Rica, y remontaron la vertiente del Pacífico hasta David, en la ya mencionada provincia de Chiriquí. Acompañaba su séquito en un velero denominado Izalco (nombre del célebre volcán salvadoreño), y en David encontró a su mujer e hija, sumándose a este grupo dos de sus emisarios. Al resto se les había permitido su desembarque en Costa Rica, y acompañándole proseguían su hijo natural Francisco y, además, el coronel Lozano. Seis afanosos meses residió en David, sin desperdicio de alistar combates como estaba acostumbrado, sino apacentando ideas y hojeando libros, ya de ciencias sociales y políticas, o tratados de derechos constitucionales. Fue una tregua en que o tomaba contacto con su conciencia o examinaba ideas. De estas lecturas, de estas largas reflexiones que conducía a la sombra de un árbol protector del verano, cayó en la duda de que no había estado sensato cuando aplicó a nuestro organismo social la forma federal, y que más conveniente sería la unitaria central.

Había estudiado allí, bajo aquel árbol de David —árbol que debió ser frondoso y vivo como espíritu— las formas de gobierno que regían a las repúblicas de Sudamérica; particularmente la de Colombia.

A principios de septiembre de 1841, después de aquellos seis meses de residencia, y siempre en compañía de su séquito de ostracismo, pensó trasladarse al remoto Perú, al país legendario de Pizarro. En tiempos de la república pareciera desconcertante este lejano viaje, pero debe pensarse que en aquella época, con el hábito de la colonia, estos países no se habían distanciado material y espiritualmente con la división en gobiernos soberanos y autónomos. Redactó tres trabajos de gran fuerza personal y administrativa (partes de sus memorias, su testamento, su manifiesto, es decir, su mea culpa de gobierno) y el presidente del Perú lo invitó. Prueba esta invitación que la política interna no era separatista: a fuerza de mezclarse con la exterior, una y otra se confundían. Falta correspondencia epistolar privada que lo esclarezca; el mariscal Agustín Gamarra conocía a Morazán por referencia. Hasta se dice que le ofreció el Ministerio de Guerra, pero de esto menos pruebas existen.

Sea como fuere, en David, Morazán descansó, meditó, estudió y redactó al hijo y a Lozano aquellos memoriales en que está cristalizado su pensamiento político. El hombre de acción se transformó en seis meses en hombre de pensamiento. En el viaje a Perú, Morazán fue más dueño de sí; le acompañaban los siguientes corifeos: el Gral. Saravia y el ya mentado Cnel. Lozano.

Desde Perú regresaría con armas y con ánimo vigorizado. Se desconoce la correspondencia entre el héroe y las autoridades del Perú; se ignoran los preparativos del viaje. Solamente sabemos que finalmente a Perú acudió, pero no huía de la imagen de sus desvelos como un derrotado, sino que al volver armado barrería a Carrera para imponer la federación centroamericana acariciada en sueño. Desembarcó en Callao mientras se disipaba una tarde de 1841; la guerra con Chile arreciaba y su brazo era encarecidamente necesitado. El propio presidente Gamarra había salido para el frente y, por eso, al momento de presentar sus saludos al Excmo. Presidente en el antiguo palacio de los virreyes, con quien topó fue con el sustituto Dr. Manuel Menéndez, ejerciendo la presidencia. Allí conoció al futuro presidente Echenique, conoció a un colega de armas —hablamos del Gral. Pedro Bermúdez— que le facilitó un préstamo de hidalgo caballero que requería Morazán para su empresa política de Centroamérica.

Muchos diversos contactos con hombres de armas, mucho comercio social en salones de la aristocracia; Morazán se granjeó en Perú una apoteosis del oficialismo y de la sociedad limeña.

El 18 de noviembre del mismo año de 1841, Morazán, con aquella sociedad espiritualmente de la más rancia cepa española, vivió el dolor que a todos embargó cuando se supo la muerte del presidente Gamarra en una acción de armas. Morazán ofreció entonces su espada; era lo que esperaban. Hacía ya cuatro meses que estaba en Lima y diez que faltaba de su tierra. Su pensamiento, emancipado de la zozobra del suplicio redentor de la América Central, se proyectaba sobre esta situación militar y política del Perú, defendiendo sus derechos contra la hostilidad chilena; estudió la historia clínica de la enfermedad y su receta fue defenderse con las armas; ofreció su experiencia de guerrero y su brazo.

El pueblo peruano acogió emocionado su contribución valiosa; de inmediato se puso a su disposición pertrechos de guerra, fondos y libertad de iniciativa. Pero en la sensibilidad de los suyos era muy profundo el surco moral que su figura había labrado; sus amigos le aclamaban como el redentor de los principios liberales en contra de las fuerzas de las dictaduras de Guatemala, Honduras y Costa Rica, amén de los gobiernos de El Salvador y Nicaragua que, siendo menos despóticos, combatían el advenimiento de Morazán al suelo de la patria grande. En cada una de estas porciones de tierra, los espíritus superiores añoraban a Morazán.

Él lo sabía, pero su ánimo se había interesado en la nueva y lejana guerra contra Chile. Aquí meditaba, examinaba planos de posibles combates y alternaba con militares que le infundían emocionada simpatía de profunda comunidad racial.

Mas de pronto aparecía en su recuerdo, como un sacudimiento agorero, la imagen de la patria en convulsión. Por la tarde, esta visión le desvelaba con el temor de verla anarquizada y sumida en desorden. En algunos documentos familiares le decían que sus amigos eran motivo de vejaciones. Pero la noticia que anudó la garganta fue la recibida en el instante de poner pie en el estribo y salir para Chile: le decían (y con el rostro consumido por la fiebre emocional, se le agarrotaron los dedos y le rechinaron los dientes de ira y dolor como si con ello se le apareciera una idea funestamente cuajada de maldición) que ingleses, un ingrediente racial nuevo y ajeno a la soberanía, acababan de desembarcar en San Juan de Nicaragua.

Esta noticia desquició sus planes. El deber lo llamaba con todos los atributos de la madre que clama por el hijo devoto ante la amenaza que se cierne. Instintivamente volvió los ojos al horizonte, como si quisiera ver a Centroamérica a 6000 kilómetros de distancia. Un pedazo de la tierra había sido hollado por una rama invasora y ajenos a los derechos de nacionalidad. Decía la nueva que el supremo director del Estado llamaba a todos los súbditos exiliados para unirse en un haz; que el puerto de San Juan de Nicaragua estaba en manos de un pueblo invasor.

Este llamado se sumaba a las reiteradas súplicas que desde los distintos estados le llegaban para que regresara a tranquilizar los pueblos amotinados. Pero entre uno y otro caso mediaba la diferencia de una riña entre los miembros de la familia y la agresión injustificada de un forastero que, por asalto, ataca a toda una familia, por más que sus miembros vivan en discordia.

El viejo y único sentimiento del racial honor español se estremeció hasta la coronilla de aquel mozo de apenas 42 años. Morazán se decidió regresar a Centroamérica a defender la integridad nacional, renunciando a los compromisos contraídos con los dueños de casa. Naturalmente, los peruanos lamentaron esta decisión, pero embarcados en una causa similar, aunque menos grave, participaron de los escrúpulos de un patriota de excepción.

La mirada de Morazán ya no se dirigió hacia el sur, sino hacia el norte. De inmediato, hizo los preparativos para fletar un barco. Negoció entonces aquel préstamo de 16,000 pesos que el colega Gral. Bermúdez le ofrecía.

Puso en pie de guerra al bergantín denominado Cruzador; lo abasteció de provisiones y de material de guerra. El barco zarparía en Guayaquil, puerto en el cual fue obtenido, y antes exteriorizó la amargura que le embargaba por abandonar a los peruanos, pero su propia patria no era menos desgraciada. Navegó con sus compañeros de Callao a Guayaquil. Cuando arribó a este viejo puerto, ya el barco lo esperaba listo. También lo esperaba el propio presidente del país, el Gral. Juan José Flores. Éste sabía las prendas de su visitante. Le brindó parabienes y, como los peruanos, lamentó su ausencia.

Era a fines de enero de 1841 y Morazán, dueño absoluto de la nave, ordenó no detenerse en puerto alguno. Partieron. Detrás del barco se disipó la costa. El 15 de febrero del mismo año topó en el puerto salvadoreño de La Unión. Su primera providencia fue emitir una declaración a los gobernantes de Centroamérica. En ella hacía ver la gravedad del momento; les hacía ver la necesidad de posponer odios y unirse en torno a la causa común y elevada de defender el territorio nacional. No se tiene noticias de que este mensaje fuese contestado.

De este lugar se trasladó a la vieja ciudad de San Miguel. En este lugar se reunió con muchos amigos que acudieron de distintos estados al tener noticia de su regreso; cambiaron ideas sobre los planes que proyectaba y después regresó al puerto de La Libertad y luego a Acajutla del mismo estado salvadoreño.

De este puerto volvió a internarse, llegando a la ciudad de Sonsonate. Permaneció algunos días allí y tuvo conocimiento de que el jefe del Estado había mandado a someterlo con una división que mandaba un tal Francisco Malespín; también supo que la actitud del jefe salvadoreño había sido inspirada por el dictador guatemalteco Carrera.

De inmediato, Morazán tomó providencias y cuando Malespín llegó a Sonsonate, ya él había partido, desvaneciéndose su figura en el horizonte.

A pesar de las instrucciones del jefe salvadoreño, sugeridas por el dictador guatemalteco, hubo levantamientos salvadoreños en favor de Morazán y hasta acudieron a incorporársele.

Los recibió Morazán al pie del bergantín Cruzador y ahí se produjo en torno del héroe una escena emotiva. Juntos con el caudillo se dirigieron a una diminuta isla del Golfo de Fonseca denominada Martín Pérez. En este territorio insular, símbolo de la territorialidad centroamericana, se organizó el ejército de 500 hombres, a cuya cabeza se empinaban las de los ilustres generales Cabañas, Rascón, Saravia y Saget.

También se incorporaban nuevas unidades navales, como ser los bergantines Asunción, Granadina, Isabel Segunda, Josefa y El Cosmopolita. Toda esta gente zarpó el día 7 de abril de 1842, se dirigieron al sur y desembarcaron en el puerto de Caldera, en Costa Rica. En este lugar se reabastecerían para acudir a San Juan de Nicaragua.

Ignoraban ellos que otro problema local se les iba a plantear. En efecto, todo el mundo pensó que Morazán venía a destronar al caudillo Carrillo. El pueblo también aquí se le unió. Carrillo comprendió su peligro e invocó los derechos de soberanía, separándose del poder para tomar el mando del ejército. Entre tanto, destacó un ejército al mando del Gral. Vicente Villaseñor con 700 hombres que finalmente se estiraron a 900. En el lugar denominado El Jocote, Villaseñor empezó a sentir escrúpulos y decidió examinar el ánimo de sus fuerzas. Detrás suyo explotaba vilmente al país Carrillo, es decir, un tirano que carecía de opinión pública. A su frente se encontraba un jefe popular que venía a luchar contra los ingleses. No era solamente este inconveniente de orden moral, sino otro material.

Los costarricenses que le acompañaban flaqueaban, pues les faltaba una moral bélica. Del plebiscito que se llevó a cabo se prefirió entablar un arreglo de paz con Morazán. No se trataba de un traidor sino de un patriota reflexivo. Morazán y Villaseñor se entendieron en el lugar denominado El Jocote y ahí concordaron: primero, convocar una Asamblea Constituyente, rigiéndose el Estado por un Gobierno provisorio ejercido por Morazán y, en su defecto, por el propio Villaseñor. Segundo, exigir a Carrillo, en nombre del pueblo costarricense, su alejamiento del poder. La sorpresa de este arreglo indignó a Carrillo, pero como era un hecho consumado y la alternativa lo colocaba en inferioridad de situación, se resignó a ratificar tan repudiado convenio. Morazán y Villaseñor, ultrapoderosos, denominaron a sus ejércitos centroamericanistas y avanzaron hacia la capital.

Era el primer triunfo decisivo que Morazán alcanzaba de regreso del Perú. En la ciudad de Heredia fueron añadidas las cláusulas de Carrillo por medio de delegados autorizados el 12 de abril de 1842. Ya el convenio quedaba legalmente autorizado. Entre tanto, el ejército sumaba 1500 almas y la moral era estimulada por las aclamaciones de todo el país. Mas el resto oficialista de los otros estados temieron la suerte de Carrillo en manos del defensor del pueblo y de las instituciones que ellos oprimían. Con este fin rompieron relaciones con el consolidado y provisorio gobierno que presidía la fórmula Morazán-Saravia, en acatamiento a los convenios del 11 y 12 de ese mes. También se dio cumplimiento a un aspecto del régimen republicano consagrado por la Constitución Nacional, convocando los Cuerpos Representativos por medio de un decreto emitido por la Asamblea Legislativa desde el 4 de julio de 1838 y que propiciaba la inauguración de una Asamblea Constituyente el 10 de julio. Por cierto que este cuerpo lo declaró Jefe Supremo Provisorio del Estado, denominándolo Benemérito, General en Jefe del Ejército Nacional y Libertador de Costa Rica. Y a los jefes, oficiales y soldados de Morazán se les denominó "División Libertadora de Costa Rica". A Villaseñor se le otorgó una medalla por resolución de la misma Asamblea. En suma, se batió palmas sin excluir a los vecinos de Guanacaste por haber puesto el entusiasmo en el derrocamiento de Carrillo.

A partir de este punto, sin embargo, una ulterior medida de gobierno vino a demostrar, como tantas otras veces, que Morazán sembraba semillas germinadoras en un terreno, sin la previa educación política como abono necesario para que aquéllas prendieran de raíz. Sabido es que sin cultura la libertad resulta un mito, o que no es conciliable la libertad con la incultura, porque la conciencia de los deberes y los derechos no arraiga en mentes obscuras, en quienes todavía no es clara ni visible la línea de división entre lo que es libertad y lo que es licencia, lo que es palabra y lo que es grito. Aquella humanidad centroamericana todavía era una tierra impreparada; más que fe en la ley, tenían fe en la pasión y el arrebato, y por consiguiente, sin elevación ni equilibrio, no había posibilidad de alcanzar la escuela y el libro como medio de redimirse allí: comprender los postulados de Morazán. Ni había él vivido en Europa como Rivadavia, ni había cursado universidades como Moreno, pero igual que estos precursores argentinos, había esclarecido adentro de su conciencia la forma social de establecer un orden por sobre aquel caos centroamericano. Esta forma social sólo unos pocos la comprendían.

Era sin duda un espíritu de ponderación, pero un pueblo no sale de la sombra en virtud de un decreto, por más que a éste le ponga el ejecútese un Francisco Morazán. Es necesario reconocer que la naturaleza no da saltos, lo mismo en el orden físico que espiritual. ¡Ay! Nada es más lento y dificultoso que la cultura. En aquellos países la cultura superior sólo era patrimonio de unos pocos. En vano el gobierno que provisionalmente presidía Morazán pretendía nuevamente mancomunar en uno solo los cinco estados como punto de partida. El día 21 de julio promulgó el decreto la Asamblea estableciendo que el Estado de Costa Rica se incorporaba de nuevo a la fenecida República de Centroamérica en cumplimiento de lo dispuesto en una ya existente Ley Fundamental sancionada el 21 de enero de 1825. Hacer esto y firmar su sentencia de muerte resultó la misma cosa. Por otra parte, tampoco Morazán podía dejar de hacerlo. El destino lo había conducido prematuramente a una fatalidad. Él creía, como creemos todos, que al corazón afluye y de él procede la corriente sanguínea, que sólo la unión de los cinco estados en uno solo haría posible la perfecta circulación vital en nuestro organismo social.

Pero había empezado por una víscera que anormalmente había dado en nutrirse de sí misma y sin contacto. Todo lo que Morazán había hecho estaba bien, pero meter a Costa Rica en un puño con las otras parcelas era obligarla a una violencia de su propia alma reposada y de su incipiente economía burguesa. Matices había, pues, que la diferenciaban, y mucho se explica esta originaria naturaleza conservadora diciendo que aquí, por haber arraigado grandes grupos procedentes de Galicia y Andalucía, apenas si había lucha de sangre en las venas de sus hijos y, por consiguiente, más capacidad de arraigo y menos voces en la convivencia. La verdad es que Costa Rica ha tenido siempre más relación geográfica que histórica con el resto de Centroamérica, mezclado o sino tallado en sangre aborigen. Pero de esta diferencia psicológica con raíz biológica, nada es tan pronunciado como la democracia social costarricense, apenas superada en los distintos estados latinoamericanos. Morazán, para movilizar el sistema político, presionaba el botón que menos ayuda le prestaba.

Estas razones arraigadas en la conciencia costarricense fueron, a su vez, apuntaladas con la prédica separatista del clero y el elemento aristocrático. La conciencia separatista tomó volumen y estalló finalmente en la ciudad de Alajuela el 11 de septiembre de 1842. Un individuo de nombre Florentino Alfaro atacó en San José con un refuerzo de 400 voluntarios a la Guardia de Honor de Morazán. La guardia estaba compuesta de 40 soldados, mientras los atacantes pronto se sumaron hasta alcanzar 1000.

Pero no vamos a proseguir esta nomenclatura de episodios bélicos sin retroceder —adentro de la órbita de filias y fobias morazánicas— en busca de las motivaciones que expliquen este complejo social. Sabido es que se le entronizó en el alabo, pero luego se le desplomó en la condena. ¿Cómo es posible hacer esto? Salvo opinión autorizada, la nuestra lo juzga diciendo que el individuo es flor de la sociedad, pero la tal sociedad, por falta de consolidación, resultaba inexistente y, en consecuencia, la flor de que hablamos también era inexistente. Lo que existía era mera comunidad feudal en que los hombres vivían sin que les moviera un pelo el motor sin combustible de su conciencia individual. No había ni sociedad ni individuo, pues Morazán se proponía ajustar esta masa amorfa dentro de una configuración de leyes, pero éstas no eran las mismas leyes de su existencia como seres. Ellos, dentro de su comunidad feudal, se nutrían y de ese jugo vivía vitalmente su ser. En suma: este conglomerado social no era más que eso, rehusaba entrar al mundo morazánico porque allí estarían desajustados, extraños, inadaptados y faltos de condiciones para el juego de su energía disolvente. Vivían paradójicamente en un caos fecundo y negaban un orden estéril. Había incompatibilidad vital con el mejoramiento social, rechazaban lo que aludía más a su intelecto que a su sensibilidad y, en consecuencia, se negaban a aceptar la realidad morazánica. Se negaban a entrar en un sino superior socialmente y preferían continuar ajustados a la experiencia del acto ingenuo de vegetar.

Faltaba la conciencia del vivir social, del hacer, del pensar, del sentir, del creer, del dudar, que es lo que da unidad y sentido humano a un pueblo y a una realidad. Lo más grande en Morazán es su calidad humana y eso es lo que hace falta en sus compatriotas. Por eso se carecía de unidad para que este conglomerado se convirtiera en un todo y terminase formando una sociedad. Todo era amorfo y si educación precaria había en los sentimientos, mucho más necesario era educar la razón. ¿Cómo podrían comprender a Morazán si no alcanzaban a comprender los hechos? Hasta el mismo fondo cultural español contribuía a formar el caos por imbuirlos de una tendencia rebelde; rebelde en cuanto a los progresos civiles y desconfiados de todo lo que oliera a ley, a sistema legal. De la independencia no había otra imagen que no fuera la resistencia a la acción legal. De allí el odio de los latinoamericanos a la autoridad organizada. Por otro lado, se desconfiaba de ciertas realidades que ellos juzgaban mitos, como ser el interés común.

Frente a este desafinamiento de un hombre dentro de un conglomerado ajeno a sus prédicas, también la culpa le alcanza a él, a Morazán, y a Bolívar: ambos fueron poco realistas en la penetración psicológica, lo esperaban todo de afuera hacia adentro e ignoraban que la ley vital viene de adentro hacia afuera. Por eso la Gran Colombia se quebró en tres repúblicas y la federación morazánica en cinco diminutos sectores. No bastaba la organización política, era necesario que el apóstol recorriera el camino con sus discípulos, pues el Estado alude a la razón y la religión alude al sentimiento; mas, por este camino se puede llegar a aquel otro, y sólo el que previamente ha sido sacudido por el sentimiento se decide a convertirse. Ay, los soldados de Bolívar y Morazán debieran tirar lejos los rifles y predicar la buena nueva.

Sin embargo, por no comprender esto, Bolívar se quejó diciendo que había arado en el mar. Y Morazán diciendo: "las generaciones futuras nos harán justicia". El "pronunciamiento" era un juego de pasiones y no de ideas. Entonces había que combatirlo con pasiones y no con ideas; con una pasión mística, aunque en su raíz pagana, pues sólo lo pagano puede explicar la naturaleza de un auténtico hispanoamericano. Morazán propugnaba la historia republicana en contra de los reaccionarios que preconizaban la historia colonial.

Como antes hemos dicho, Morazán sirvió los intereses de destronar a Carrillo, pero en recompensa Costa Rica ni entonces ni después ha compartido la idea morazánica de incorporarse a los otros cuatro estados centroamericanos. Las razones que aduce son muy respetables, pero no resisten los argumentos que la favorecen. ¿Debemos por ello censurar a Costa Rica? En lo más mínimo, pues ella no hace sino cumplir la ley tradicionalmente separativa del espíritu regionalista español. Morazán, pues, contrariaba un sentimiento nacional y había que eliminarlo, si bien la mayoría habría preferido exilarlo del país, y ello sea dicho para negar todo viso potencial de balcón histórico contra el reinante prestigio internacional de una de las naciones más evolucionarias en la paz, la justicia y el régimen institucional del Continente.

Como dijimos, a Morazán lo sorprendió un tal Florentino Alfaro y para defenderse no disponía sino de una guardia de 40 salvadoreños, pero aquéllos, reclutando huestes de Heredia y Alajuela, condujeron contra el héroe 1,000 hombres. De repente se le planteaba una encrucijada de vida o muerte. Un recurso fue replegarse al cuartel principal y, con la reserva que allí tenía, sofocar el amotinamiento. ¿Era posible? Los reclutas del cuartel principal se le desertaron por miedo y de pronto Morazán quedaba frente a los enemigos como un Cristo con los brazos abiertos. Nadie aparentemente quería seguir sus banderas porque la causa que ahora defendía ya no era la misma. Con sólo 80 soldados por todo apoyo quiso esta vez convertirse en el campeón de la jornada, mas era imposible medirse ahora contra 5,000 hombres que brotaban como Argos desde todos los flancos, capitaneados por un portugués aventurero de nombre Antonio Pinto.

La nacionalidad de este esbirro exime a Costa Rica de culpas y pecados. La vida de a caballo, la vida de peligros y emociones de Morazán nunca excedieron este momento, pero su corazón jamás endurecido buscó alguna base de entendimiento, y para ello creyó prudente hacer salir a su esposa con su familia. Ésta fue descubierta, luego apresada y al final conducida a manos del jefe enemigo. Era la segunda vez que a Morazán se le amenazaba con tan preciados rehenes. Pero ¿y su ejército de gobernante no existía? ¿Debemos reprochar a Morazán la falta de una virtud indispensable al militar? Era confiado, esta confianza lo castigaba a menudo, pero no escarmentaba. En vez de salvarse él mismo antes que el territorio, había enviado parte del ejército a Punta Arenas para hacer el embarque de gente y de equipo militar; la otra parte del ejército la había destinado a El Guanacaste, amenazado por fuerzas nicaragüenses defensoras de Carrillo. Todo esto hace suponer que tenía la guerra adentro y fuera de casa.

Así las cosas, Morazán recibió la primera propuesta de rendimiento con garantías para su persona. Esta misión conciliatoria la cumplía un prelado, el Presbítero José Antonio Castro. Morazán no era hombre para salvarse a expensas de los suyos. O las garantías eran para todos o para ninguno, contestó. Algunas transacciones hubo en nuevas propuestas formuladas por el mismo prelado y hasta una enderezada por el vicejefe enemigo. Las negativas de Morazán no fueron apreciadas en su hidalguía sino como soberbia y afán sanguinario.

El sitio continuaba. Entonces se produce aquí una flaqueza que nos revela la naturaleza humana en sus fueros morales, infundiéndonos pena cuando contradice el espíritu de uno que, si no como hombre, debe abolir esta manifestación como militar. Trátase de un funcionario militar amigo personal de Morazán y nombrado por éste Comandante de Cartago, siempre dentro de la jurisdicción costarricense. Éste, vacilante como Gaínza, movió su voluntad entre ayudar y no ayudar al jefe. Como su voluntad se movía ante los hechos como brisa de hierba ante el viento, obró en consecuencia. Fuése en ayuda de los sitiados con 80 hombres. Creyó que el jefe era dueño de la situación. En el camino los enemigos de Morazán lo derrotaron y entonces su criterio se puso del lado de los aparentemente más fuertes. Regresó a Cartago dispuesto a abandonar la causa de Morazán y abrazar la de los sitiadores.

Era el nombre de este traidor Pedro Mayorga, quien al volver a Cartago sublevó la población contra Morazán, cosa que éste ignoró y, para colmo de la inocencia, Morazán vino a refugiarse en los brazos de este ser sin abnegación. Decididamente que la confianza está configurada en la naturaleza de los héroes. Pero el carácter del protagonista de aquella horrible traición hace demasiado a mi asunto para que me prive del placer de introducirlo. Mayorga era un hombre más bien bajo y grueso de tronco, con una guedeja negra caída sobre la frente, detalle que, mezclado a la sonrisa perenne de su boca y sus ojos y su mirada en guiñadura, dan fe de su persona.

Pero fue el servilismo de su alma un resorte para explotar a Morazán y otorgarle por su propio pedido la Comandancia de Cartago. Voy tejiendo esta personalidad desprovista de sensibilidad, del pudor, para que se comprenda hasta qué punto Morazán estaba creído de la fidelidad de Mayorga. Morazán lo recordó, condenado como estaba a morir, como puerto de arribada. Como el hambre y la sed diezmaban más que la munición, un día, el tercero del emparedamiento, lanzó la carga de sus 45 compañeros y, dejando un poco de piel entre las balas, alcanzó más allá de la línea de fuego con vida.

Una vez en esta libertad adquirida a rigor de balas, endereza sus pasos el inocente en demanda de Mayorga en Cartago, ignorando qué pieza significa para el traidor. Le acompañan dos generales que encarnan en todo Centroamérica las cumbres revolucionarias más altas de la abnegación y la lealtad. Al menos Morazán va a morir con dos ángeles de la espada: Cabañas y Villaseñor. Cabalgan estos héroes, capaces de rehacer ellos solos toda la república, a la cabeza del pequeño pelotón. Qué poca cultura del pensamiento tendría Mayorga para no apreciar, si no los ideales, al menos los modales de estos tres hombres de selección.

Miento, Cabañas, roto que fue el cerco, se dirigió al lugar llamado Chomogo y sólo los otros dos acudían a Cartago. Pero esta separación de Cabañas sirve para que entre en escena el otro Judas con que vamos a aderezar este capítulo, sobre el cual pasábamos como sobre ascuas en nuestra vida de estudiantes de Historia Nacional. No debe el lector reprocharse, porque es siempre triste y vergonzoso para nuestra conciencia la forma física o moral como ultimamos nuestros emancipadores. Me explicaré. El mármol y las biografías reivindicatorias como ésta, poco pueden disimular la torpeza con que hemos azotado su alma, sacrificada ya bastante por los delirios de crearnos un orden en que pudiéramos vivir mejor que ellos.

Vencido el cerco por los sitiados, después de vivir la agonía extrema de una encrucijada sin salida, Morazán y Villaseñor partieron por un rumbo y Cabañas poco antes por otro. Pero en ese momento se le apareció a Morazán el segundo Judas, de nombre Espinach, pidiéndole una orden por escrito para ir a alcanzar a Cabañas, tanto como otra para el general Saget, también dispersado, diciéndoles al uno que se rindiera y depositara las armas y al otro que entregara los elementos bélicos a su cuidado en el puerto de Punta Arenas. Naturalmente, Morazán se negó. Pero éste era Judas y, por consiguiente, sagaz. Se aprovechó de la invalidez material de Morazán y corrió en busca de Cabañas, transmitiéndole supuestas instrucciones de Morazán, que, tras disolver sus tropas, enderezara sus pasos hacia Matina. Cabañas fió cumplimiento a tales fraguadas instrucciones.

Tan cínico fue el mensaje, que Espinach, moviendo el hombro, añadió: "He ayudado con dinero al general Morazán para que pueda salir del país. Por ahora no corre prisa su devolución, basta con que él salve su vida." Cabañas, que tenía un alma de niño, estimó de su deber agradecer aquel gesto desinteresado. El nuevo Judas nada dijo y, tras de sí, dejó mellada a una de las espadas que más habrían hecho por la salvación de Morazán. Minutos después, Cabañas, que era un héroe, corría desesperado como un tonto rumbo a Matina. Este viaje equivalía a un combate perdido por Morazán. Fue necesario que en aquella carrera desesperada, Cabañas alcanzara el lugar de "El Paraíso" y allí supiera que había caído en una emboscada. Allí supo, por el contrario, que el jefe estaba prisionero. Cabañas, el fiel compañero de las armas, corrió entonces a defenderlo. ¡Ay, era tarde! y, además, en el camino lo sorprendieron y lo condujeron preso. ¿Pero cómo tuvo conocimiento Morazán de estas intrigas y perfidias?

Volvamos atrás. Morazán y Villaseñor, llegados que fueron a Cartago, creyeron lo más prudente refugiarse en casa del jefe Mayorga. Éste temió entonces por su vida. ¿Cómo justificarse ante Pinto? Delatándolos, pensó, y antes de huir, fingiendo que iba en busca de un médico que curara la herida que Morazán había recibido en un brazo, confió el pensamiento siniestro a su esposa. A ésta le dijo: "Voy a organizar una escolta y vuelvo a reducirlos." La esposa, delatada por su alma de mujer, se lo dijo:

—¡Mayorga, mi amigo! —replicó Morazán— no puede ser.

—Sí —respondió ella—, ha ido a traer una escolta mi marido...

Pero la mujer había primeramente librado una batalla entre su deber de esposa y su alma de mujer. De manera que cuando hizo la confesión, ya era tarde. Morazán y Villaseñor huyeron por una puerta de atrás y Mayorga remató su felonía ordenando, sin pestañear, la detención de sus amigos, al topar con ellos en la puerta.

Poco después asomaron a todo galope en la pequeña ciudad de Cartago dos hombres a la jineta. Uno era Francisco, el hijo del héroe. El otro era el general Saravia. Supieron que Morazán era prisionero de Mayorga y allá volaron. Pues bien, aquí contestamos una pregunta ya demorada: estos dos hombres fueron quienes informaron a Morazán del engaño de Cabañas por parte de Espinach. Todo lo que acabamos de narrar ocurría el 14 de septiembre de 1842, víspera de la aurora —ahora manchada de sangre— de la independencia de la patria.

Dejad, lector, que detenga la pluma. Ah, de buena gana quisiera poder saltar el final que sigue: menos quisiera detenerme en pormenores, porque en medio de tantos horrores como los que estoy condenado a describir, es triste tener de antemano el desenlace. La historia, por otra parte, no ha de tejerse sólo con crímenes y en sangre.

Ni siquiera una habitación, el zaguán de la casa de Mayorga, sirvió para prisión de Morazán y los suyos. Entre ellos estaban Morazán hijo, Villaseñor, Saravia y Vigil, otro fiel compañero que quería compartir el mismo destino de Morazán, bueno o malo. Esa misma noche, aquellos prisioneros fueron sorprendidos por la presencia del oficial Daniel Orozco, para manifestarles que venía por pedido unánime de la tropa a calzarlos de grillos y cadenas. Revolucionó el ánimo esta declaración. El alma se resistiría a recibir aquel mandato que la carne llevaría con menos molestia. Ah, cómo sería aquella marca de fuego en el alma de Villaseñor y Saravia, que optaron por la muerte automática. Morazán, en cambio, el gran jefe de la serenidad y dominio de sus pasiones, nada dijo. Él estaba allí para hacer menos infortunados a sus amigos.

Para Saravia y Villaseñor, en cambio, era preferible la muerte antes que sobrellevar aquella ignominia de revestirse de grillos y cadenas y aparecer en este estado ante la tropa. Cuando Orozco insistió en forma violenta, los otros reaccionaron acometiendo contra sus propias vidas. Sendos brillos de hojas afiladas desgarraron la carne, y antes que los guardias y los militares pudieran evitarlo, cada uno se había clavado una puñalada. ¡Ay!, la de Saravia resultó mortal, pues a Villaseñor había sido posible arrancarle el arma a tiempo. Fue una escena imprevista y brutalmente inaudita. Morazán vaciló en sus pies, y a fe que con el rostro tenso parecía que iba a desplomarse. Pasaron los minutos y con voz apagada ordenó:

—Dejadlo morir cerca de mí...

Fue respetado el pedido, poco después Saravia moría volviendo una amarga mirada hacia el héroe. Cuánto habría querido hacer Morazán después de aquella despedida; acariciar el cabello revuelto sobre la frente, apretarle y llevarlo más cerca de sí; decirle al menos:

—Amigo mío, has querido ser el primero; yo no podía, llevo sobre mis hombros harta responsabilidad para no dar cuenta antes de mi partida.

Habría querido hacer todo eso, pero físicamente lo tenían inmovilizado, pues sobre él ya pesaban grillos y cadenas. Todos sufrían este baldón sobre sus carnes, salvo el hijo de Morazán, para quien no sobró sino una vieja cadena menos pesada y fácil de arrastrar.

El padre del movimiento liberal en Centroamérica permanecía conmovido, impávido. Toda la noche, larga y desvelada noche, víspera de la otra, de la de ultratumba, estuvo el general Saravia, ya cadáver, tirado allí, apenas cubierto con una frazada, y Morazán con la mirada clavada en el muerto. Era Saravia el menos desafortunado de todos. Aquel fue el castigo más feroz impuesto a Morazán; después de esa noche, con la aurora, ya el sufrimiento había tocado fondo; empezaba para el alma torturada el ascenso. La condena de fusilamiento era un alivio.

De pronto, cuando despuntó la aurora, Morazán recibió una puñalada más con las campanas de la iglesia. Recordó con gruesas lágrimas. Era el día del bautismo de la patria que él había unido. Era el 15 de septiembre, el glorioso día cargado de sueños y dulces memorias, cristalización cronológica de la razón entera que justificaba su vida de hombre, de soldado y de estadista.

Pero con esa aurora gloriosa que al héroe mostraba la imagen de la patria, acudió también la otra imagen, la del precio de semejante empresa: abonado en la forma más vil: sustraerle la vida. En verdad que la coincidencia da mucho que pensar: el día de su muerte fue el día de la coronación de sus ideales, y tan superpuesta estaba una sobre la otra, que parecía que el fallo, transformado en un Mefistófeles, quería hacer la ironía del destino humano. Aquel mundo semicolonial, aquel mundo sin autoridad consagrada, aparecía colocado entre dos imposibilidades: la de lo pasado y la de lo porvenir; de atrás traía el espíritu anárquico y por delante un orden para el cual no había preparación. Pero una ley era evidente: los excesos de la libertad conducen al despotismo, pero los excesos de la tiranía sólo conducen a la tiranía. Si pensamos en Pinto sucediendo a Carrillo, recordamos al punto que Tiberio no hizo subir a Roma hasta la república, sino que dejó por sucesor a Calígula.

Al rayar el día 15 de septiembre se precipitó lo que pudo haberse conmutado para salvación de nuestra conciencia histórica. Antonio Pinto, portugués de origen, fue el resorte de un error que hoy pesa sobre el alma de los centroamericanos. Sin duda que para Pinto no encarnaba este nombre otra cosa que un opositor a sus ideas de mando. Jamás podía entrar en la inteligencia de este aventurero lo que Morazán encarnaba como estructuración política y social de las cinco parcelas bordeadas por el canal de Panamá y la frontera mexicana.

Toda nuestra secular vida social y política será corta para deplorar la firma de Pinto sobre una orden militar de ejecución de una pena mayor, toda nuestra vida de pueblos mientras no venga alguien a levantar las banderas que dejó caer Morazán y le sigamos hasta consagrar, movidos por el impulso de su memoria, la República Federal.

Sólo entonces empezará a cicatrizar la llaga secreta que roe nuestra conciencia de ciudadanos de entidades empobrecidas por falta de territorio, falta de rentas suficientes para montar la maquinaria de un estado con la dignidad que implica ese nombre pomposo. La excesiva desproporción de las condiciones y el nombre que ostentamos (que Morazán quiso ajustar a la realidad) nos humilla. Cuando las fronteras políticas hayan dejado de existir entre los cinco estados, Morazán habrá sido reivindicado. Somos una sola Nación, ¿por qué hemos de seguir violando esa ley natural separándola en cinco estados que no se justifican sino por pasiones de mezquina soberbia?

Centroamérica tenía en Morazán, en tiempos de la República Federal, el centro de su inteligencia, de su perpetuidad y de su reposo;

pero privada de este resorte, se ha inclinado decididamente hacia la anarquía. Con la llegada del día, llegó el carcelero a librar a Morazán del peso de las cadenas. Era un respiro, naturalmente, pero para atravesar el breve puente que lo conducía a la muerte. Este puente era el que unía a la ciudad de Cartago con la de San José. La columna de víctimas y de verdugos empezó a desfilar. Sumaban 1,000 hombres y a la cabeza marchaban los patricios condenados. Entre todos eran los más serenos. Villaseñor, agonizante, tumbado en una vieja hamaca de mezcal. Su inteligencia vacilaba entre dos fronteras: este mundo de odios y aquel otro de reposo. Después seguía Morazán a caballo; luego su hijo Francisco y el viejo compañero D. Antonio Vigil. De aquella imagen patética todos querían participar a la periferia del camino o a la orilla de la acera o de la ventana hogareña aderezada de retoques andaluces. Ciertamente era un desfile conmovedor. Los viajeros eran asaltados por la mirada de viejos, niños, mujeres, vecinos. Eran aquellos que días antes lo habían aclamado y ahora tampoco lo abandonaban. En la mirada había un duelo de comunicativa intención. Sin duda que debió haber agorera despedida.

Pinto, pues, fue una sanguijuela que no se desprendió de Morazán hasta que no estuvo repleto de su sangre, cayendo el héroe exánime. Es que este Pinto estaba poseído de aquella furia de que habla Lamartine: quería gobernar Centroamérica como Roma, cansada de las luchas de Mario y de Sila; los patricios y plebeyos. Ella también, cansada de las luchas entre conservadores y liberales, se entregó con delicia a la dulce tiranía de los Carrera, de los Ferrera y ahora de los Pinto. Y estos tiranos, en la incapacidad de manejar los resortes del gobierno civil, usaban el terror como expediente para suplir el patriotismo y la abnegación.

Como decíamos, el día sobreviene y los semblantes pálidos de los prisioneros, su fatiga y extenuación revelan todo lo que se ha aprendido en la noche.

¡Ay!, nos fatigamos de leer infamias contextas en todos los escritos que consulto. ¡Hasta aquí llega la vida de Morazán! ¡Cómo quisiéramos que se prolongara! ¡Qué desengaño para nuestra simpatía con el protagonista! ¡Tantas veces lo hemos visto en peligro! Una vez fue en El Salvador; dormía; los asesinos, bien remunerados, levantaron el acero e iban a dar el golpe siniestro cuando Dios les detuvo el brazo. Lo hizo valiéndose de una expresión de sueño tranquilo dibujado en el rostro. Esa serenidad la respetaron los asesinos y huyeron. ¿Por qué ese milagro no se repite ahora?

¡Ya no hay tiempo! Lo van a fusilar. Un grito sale de la República Federal que nació y murió con él. Fueron dos cadáveres. Miento, fueron tres: la vida civil también murió allí. Los ajusticiados prosiguen la marcha; están prendidos con los brazos atados uno contra el otro en la espalda; el alma se asoma tranquila en los ojos. Hágase la voluntad de la ignominia.

Para reconstruir el momento en que el grupo arribó al lugar llamado Las Moras y asomó un nuevo verdugo con carácter de oficial, de nombre Venavides, de origen peruano, y ordenó que los ajusticiados abandonasen las cabalgaduras y prosiguiesen a pie, es necesario que diga que los hechos así consignados revelan un clima moral de odio; estos hechos clasificados, aprobados, documentados, no necesitan mi inútil comentario. Fáltales que el lector los interprete como un cuadro vivo, y en particular que el lector interrogue el suelo y visite los lugares de la escena; fáltales que se advierta el eco confuso del pueblo que vio, pero no comprendió el viacrucis de Morazán, nuestro redentor. ¡Ah!, nos faltan testigos racionales, vivos, pero tenemos la madurez histórica para deducir el cambio de los destinos, para volver los ojos hacia atrás, haciendo de la historia ejemplo y no venganza. Ese lugar, Las Moras, recuerda aquel otro en que Jesús dejó caer la cruz y un látigo azotó sus espaldas.

Eran las 15 horas cuando arribaron a la capital Josefina. Ya no era un grupo, era una multitud de 6,000 seres la que seguía los pasos del ajusticiado. Pero ya no le aclamaban, le seguían nada más. Pero el silencio era una dimensión simbólica del sentimiento de pesar. Fue en ese momento cuando volvió los ojos este nazareno y dijo:

—¡Cuánta gente, Vigil! Es que han acudido a celebrar la fecha de la independencia.

La multitud siguió adelante y el cansancio sofocó el acento de Morazán. Dicen que ese día, grandes personalidades intervenían para que se abriera juicio contra Morazán, cumpliendo así con el procedimiento legal, que no podía excluirse. Pero aseguran que Pinto temió que la ley dilatara la fiesta de su pasión satisfecha con la muerte de los mártires. Oír y juzgar era demorar la ley del instinto, pensó Pinto. Todavía hicieron llegar sus renovados y buenos oficios el Gral. D. Mariano Montealegre, el Dr. D. José María Castro, D. Luz Blanco y D. Vicente Herrera. Pinto quería aderezar su crimen con las memorias del día patrio y no terminaría éste sin firmar la orden de fusilamiento. Ya en otra parte hemos dicho que la historia de Hispanoamérica es la de una pasión de libre albedrío (Facundo Quiroga o Pinto) contrariada por el nuevo régimen liberal de naturaleza racional (Rivadavia o Francisco Morazán...). Lo que aquí ha ocurrido es no sólo herencia española sino manifestación de la naturaleza humana, reñida con el sometimiento a un orden. Pinto, al decretar la ejecución para las 18 horas del día 15 de septiembre sin previo enjuiciamiento, les arrojó una limosna de caridad concediéndoles tres horas de plazo.

Esta tregua la aprovechó Morazán para redactarle al hijo su testamento. Este es un testimonio en que las palabras, latiendo como palpitación de la conciencia, impresionan al centroamericano como emplazamiento de ultratumba.

TESTAMENTO DEL GENERAL FRANCISCO MORAZÁN
San José, 15 de septiembre de 1842.

Día del aniversario de la Independencia, cuya integridad he procurado mantener.

En nombre del Autor del Universo, en cuya religión muero.

Declaro:

Que soy casado y dejo a mi mujer por única albacea.

Que todos los intereses que poseía, míos y de mi esposa, los he gastado en dar un Gobierno de leyes a Costa Rica, lo mismo que diez y ocho mil pesos y sus réditos, que adeudo al señor General Pedro Bermúdez.

Que no he merecido la muerte, porque no he cometido más falta que dar libertad a Costa Rica y procurar la paz de la República.

De consiguiente, mi muerte es un asesinato, tanto más agravante, cuanto que no se me ha juzgado ni oído.

Yo no he hecho más que cumplir las órdenes de la Asamblea, en consecuencia con mis deseos de reorganizar la República.

Protesto que la reunión de soldados que hoy ocasiona mi muerte, la he hecho únicamente para defender el departamento de Guanacaste, perteneciente al Estado, amenazado, según las comunicaciones del Comandante de dicho departamento, por fuerzas del Estado de Nicaragua.

Que si ha tenido lugar, en mis deseos, el usar después de algunas de estas fuerzas para pacificar la República, sólo era tomando de aquellos que voluntariamente quisieran marchar, porque jamás se emprende una obra semejante con hombres forzados.

Declaro: que al asesinato se ha unido la falta de palabra que me dio el comisionado Espinach, de Cartago, de salvarme la vida.

Declaro: que mi amor a Centro América muere conmigo. Excito a la juventud, que es llamada a dar vida a este país, que dejo con sentimiento por quedar anarquizado, y deseo que imiten mi ejemplo de morir con firmeza antes de dejarlo abandonado al desorden en que desgraciadamente hoy se encuentra.

Declaro: que no tengo enemigos ni el menor rencor llevo al sepulcro contra mis asesinos, que los perdono y les deseo el mayor bien posible. Muero con el sentimiento de haber causado algunos males a mi país, aunque con el justo deseo de procurarle su bien; y este sentimiento se aumenta porque cuando había rectificado mis opiniones en política, en la carrera de la revolución y creía hacerle el bien que me había prometido para subsanar de este modo aquellas faltas, se me quita la vida injustamente.

El desorden con que escribo por no habérseme dado más que tres horas de tiempo para morir, me había hecho olvidar que tengo cuentas con la casa de Mr. Marcel Bennett, de resultas del corte de maderas en la costa del Norte, en las que considero alcanzar una cantidad de diez o doce mil pesos, que pertenecen a mi mujer, en retribución de las pérdidas que ha tenido en sus bienes pertenecientes a la hacienda de Jupuara, y tengo además otras deudas que no ignora el señor Cruz Lozano.

Quiero que este testamento se imprima en la parte que tiene relación con mi muerte y los negocios públicos.

F. MORAZÁN.

Rematamos dando a continuación el testimonio de un testigo presencial; documento recogido por el historiador Luis Amílcar Raudales, que no contradice lo que hemos dicho, es decir, la versión recogida en otras fuentes históricas:

"EL SUPLICIO DEL GENERAL MORAZÁN"

"El 11 de septiembre de 1842, a las 7 de la mañana, se insurreccionó el cuartel de josefinos, y salen los insurrectos a atacar el cuartel principal, donde estaban las fuerzas leales, artillería y elementos bélicos. El coronel Lazo, que era Jefe de Día, se enfrenta a ellos en las cercanías del cuartel principal.

En estos momentos le doy parte al General Morazán de lo que ocurre y salimos a batirlos. La lucha era desventajosa, porque se introducían en las casas y desde allí nos hacían un fuego mortífero, envalentonados, tal vez, por las noticias que tenían de que venían en su auxilio fuerzas de Alajuela. La lucha duró los días 11, 12 y 13 de septiembre. El General Cabañas hizo proezas de heroísmo, y de un valor sin límites. En el vestido y sombrero se le contaron 17 agujeros. No hubo oficial que saliera a acompañarlo que no quedara herido o muerto.

Al amanecer del 14, ordenó el General Morazán la retirada. El enemigo la había previsto y mandó a obstruir los caminos con maderas, lazos y carretas. La salida del cuartel principal fue peligrosa; allí estaban reconcentrados todos los fuegos. El General Morazán dispone que salga primero la caballería y al abrigo de ésta la infantería. Había varias avanzadas en las orillas de la ciudad, que tuvimos que romper con los sables en la mano.

En el trayecto a Cartago, el General Villaseñor le decía a Morazán que no entrara a dicha ciudad; que corrían peligro; pero él contestaba que era preciso entrar a salvar a Mayorga, a quien consideraba muy comprometido y que era preciso evitar que lo sacrificaran.

Llegamos a Cartago a la propia casa de Mayorga. Allí encontramos a don Félix Espinoza que andaba dando las vueltas para la exhumación de los restos del General José Lamar, que murió en Costa Rica en 1830. En la misma pieza en que tuvo lugar la más triste y lamentable escena se encontraba la urna que guarda los restos del héroe de Junín y Ayacucho.

Don Félix se impresionó al vernos llegar. El General Morazán, en aquellos momentos, se ocupaba de informar a las personas que lo rodeaban, las causas que lo habían obligado a dejar la capital y de los medios que se debían emplear para evitar que la población de Cartago sufriese.

Los Generales Morazán y Villaseñor no se bajaron de sus caballos. Yo lo hice para pedir a la señora de Mayorga qué comer y algo que fumar, porque en los tres días anteriores habíamos sufrido toda clase de privaciones. La señora de Mayorga, al darme lo que le pedía, me dijo:

—¡Váyase! ¡Váyase! Aquí se han sublevado.

Interrogo al señor Espinoza sobre el particular y me responde, todo cortado por la emoción:

—Sí, aquí se han pronunciado la noche pasada.

En aquellos momentos, al General Morazán le anuncié la noticia y me replica:

—¿Quién lo dice?

—Don Félix Espinoza y la señora de Mayorga —le contesté—.

—Entonces, si es así, monta y vámonos.

Pero en aquellos críticos instantes llega un oficial con una escolta, ordenándonos la rendición. El General Morazán arengó a los soldados, más o menos con estas palabras: "¡Mátenme! Quítenme la vida, pero no me entreguen a mis enemigos." Y se abría la levita, presentándoles el pecho. Pero la soldadesca, sin atender, gritaba:

—¡Atrás! ¡Atrás!

Desmontamos y entramos en una pieza inmediata a un zaguán, dejando las bestias amarradas a los pilares del corredor. El General Morazán, después de reflexionar un momento, me dice:

—¿Dónde están las bestias?

—Están en el corredor —le contesté—.

—Pues bien; preparemos armas para forzar la salida...

Pero en aquellos momentos se presenta el General Saravia y nos dice que el General Cabañas, con el resto de las fuerzas, estaba en las inmediaciones de la ciudad. Esta inesperada noticia hizo cambiar la opinión del General Morazán. Momentos después llega Francisco Morazán hijo y le comunica que unos señores le habían entregado una mula ensillada al General Cabañas y que le habían dicho que, de orden del General Morazán, continuara su marcha a Matina, donde los esperaba.

Luego oímos la gritería de las tropas que nos venían persiguiendo. ¡Vivan los pueblos libres!

El General Villaseñor, impresionado, toma su pistola y se la dispara en la cabeza; pero sólo dio fuego el tubo. Coge entonces otra, pero juntamente con el General Saravia se la quitamos, contrariando el parecer del General Morazán, que nos decía:

—¡Déjenlo! ¡Déjenlo!

Un cuchillo que se me salió del bolsillo lo cogió Villaseñor y con él se dio dos profundas heridas cerca del corazón. Desde aquel momento quedó bañado en su propia sangre.

Morazán estaba recostado en un catre, con una herida de bala en el carrillo izquierdo, con grande aflicción. Esta herida la recibió en el combate de San José.

Todo el día 14 pasamos en esta casa, rodeada de numerosas tropas. Con el General Saravia conversamos de nuestra mala suerte y de su permanencia en Lima, mostrándome un periódico que él había editado en aquella ciudad.

Las siete de la noche serían cuando aparecieron unos hombres con grillos y cadenas. Principiaron con el General Morazán. Luego el General Saravia me dijo:

—¿Seguirá usted, Vigil, o seguiré yo?

—Seguiré yo —le contesté—.

Al comenzar a ponerle los grillos empezó a sentir convulsiones; era muy nervioso y, a consecuencia de una fiebre, tenía paralizada una pierna. El General Morazán ordenó que le dieran una fricción, porque la cabeza casi le pegaba a las espaldas. Para el hijo de Morazán no hubo grillos; le pusieron una cadena.

Así permanecimos toda la noche del 14 de septiembre de 1842. Fuera se oía la gritería de la soldadesca; adentro la voz del General Morazán que exclamaba:

—¡Pobre muchacho, pobrecito! —refiriéndose a Saravia—.

El General Villaseñor se queja de cuando en cuando, pero poco.

Una vela estaba sobre la urna que contenía los restos de Lamar, lo que contribuía a hacer más lóbrega la escena.

Al amanecer el 15 de septiembre de 1842, nos quitaron los grillos y las cadenas y, cuando estábamos concluyendo esta operación, llegó un sacerdote ya anciano, cuyo nombre no recuerdo, y después del saludo se dirigió al General Morazán y le dijo:

—Vengo a ofrecerle mis servicios, porque usted va a comparecer ante Dios.

Morazán contestó con su natural afabilidad:

—Siéntese, señor.

Pero el anciano sacerdote, bañado en lágrimas y con el poderoso sentimiento religioso, repetía aquellas palabras.

Quedaron solos. Después salió el sacerdote, tranquilo, sin lágrimas en los ojos y lleno de consuelo.

Momentos después nos pusieron en marcha, en medio de dos líneas de soldados. Al señor Villaseñor lo llevaban en una hamaca;

iba moribundo. Toda la población de Cartago demostraba hondo pesar y algunos ancianos y niños lloraban.

A las cinco de la tarde llegamos a San José. En las cercanías de la población, un oficial de apellido Venavides, con una voz imperiosa y grosera, mandó echar pie a tierra. Creímos que nos iban a despedazar, pues entrábamos a una ciudad donde se había derramado tanta sangre tres días y tres noches. Yo me coloqué a un lado del General Morazán y al otro lado se colocó un militar salvadoreño, don Esteban Pardo, para que comenzaran con nosotros. Nada sucedió. Había un silencio profundo, apenas interrumpido por suaves voces que decían: "Aquél es", refiriéndose a Morazán. Un ebrio fue el único que gritó; pero mandaron callarlo.

Nos llevaron a un lugar que llaman "Los Almacenes". El General Morazán mandó llamar al General Mariano Montealegre, quien entró lleno de dolor, derramando lágrimas. Entonces Morazán le dijo:

—Tranquilícese, hombre, no se acongoje; el tiempo es corto. Morir hoy o morir mañana es lo mismo; no perdamos tiempo.

Luego mandó llamar a su hijo para que escribiera el testamento. En momentos tan solemnes, un oficial entró y le dijo:

—Señor: déjeme la capa; y él le contestó: —Retírese, hombre imprudente.

Serían las seis de la tarde del 15 cuando consumaron tan horrendo crimen. Al salir Morazán para el patíbulo, don Diego Carranza le ofreció el brazo; él le contestó, porque era de sus más encarnizados enemigos:

—Ni he de huir, ni me falta valor para llegar al patíbulo.

El mismo Carranza me refirió el caso, admirando tanta serenidad y valor.

Ocurrieron otros incidentes que honran su memoria; en el tránsito encontró a un señor Guevara, que era Jefe de Sección; lo llamó y le dijo:

—Vea que no se pierdan los papeles de la cuestión inglesa.

Al mandar las escoltas que debían terminar su existencia y la de Villaseñor, se despidió de este Jefe, a quien en una silla habían conducido, diciéndole:

—¡Adiós, amigo! Yo lo he traído aquí; pero dentro de poco nos volveremos a ver.

¡APUNTEN! ¡BAJA TÚ LA PUNTERÍA; AQUÍ... DIRECTAMENTE AL CORAZÓN! ¡FUEGO!

Villaseñor murió a la primera descarga. Morazán volvió a levantarse diciendo:

—Acaben luego de matarme.

Toda aquella gente no encontraba palabras con qué admirar el valor de aquel héroe. Hasta palabras indignas de un pueblo cristiano decían, en honor de la víctima..."

DOCUMENTOS ALUSIVOS

I
UNA NOTA DE MORAZÁN AL PRESIDENTE DEL ESTADO DE HONDURAS

FRANCISCO MORAZÁN – Carta al Presidente del Estado de Honduras (Bahía de La Unión, 16 de febrero de 1842)

Ese sentimiento inextinguible, el amor a la Patria, avivado por la prohibición de volver a ella, me hizo olvidar muy pronto mis sufrimientos pasados y prescindir de toda injerencia en su futura suerte. Si alguna vez los papeles públicos me instruían de que mi voluntaria separación de la República en nada había cambiado su suerte, temí que las buenas intenciones que para mejorarla a ella me condujesen, si bien pudieran servir para justificarme con las personas que conocían mis opiniones y designios, no bastarían a desmentir las inculpaciones que se me dirigiesen por otras que las ignorasen, si el éxito no correspondía a mis deseos; y me contentaba por esto con hacer votos por su prosperidad.

Sacrificaba gustoso a ese sentimiento el derecho que la naturaleza y las leyes nacionales me dan para intervenir en la reorganización de mi Patria, porque me alimentaba la idea de que los nuevos Directores de la cosa pública, más afortunados que sus predecesores, podrían establecer un Gobierno de leyes que hiciese la felicidad de los centroamericanos. Ni los males que éstas padecían, ni las persuasiones de mis amigos, ni las excitaciones continuas de los que eran perseguidos en el interior de la República habrían podido variar la conducta neutral que he observado en los veintidós meses de mi espontáneo destierro.

Esta conducta habría sido invariable en mí, si un suceso tan inesperado como sensible no me hubiese hecho mudar de resolución, en fuerza de los nuevos deberes que me lo prescribían y de ese sentimiento nacional irresistible por aquellos que tienen un corazón para su Patria.

Desde que llegó a mí la noticia de que la República estaba amenazada por un pueblo bárbaro que solo había excitado hasta entonces la compasión de los que saben apreciar los nobles motivos que lo hicieron preferir la ignorancia y miseria en que se halla a la esclavitud que le ofrecían los conquistadores españoles, en recompensa de su sumisión al gobierno absoluto de los Borbones, yo no podía manifestarme indiferente sin participar de la humillación nacional.

Pero cuando estas noticias fueron confirmadas por la proclama que con fecha 22 del pasado agosto expidió el Supremo Director del Estado de Nicaragua, y con el aviso de su Ministro de 4 de octubre último que recibí en Lima en los momentos mismos de embarcarme con dirección a la República de Chile, me decidí a unir mi suerte con la de sus defensores.

Fue tan grande la impresión que en mí hizo la lectura de estos documentos —en que se llama a una parte de los centroamericanos a tomar las armas para defender la integridad de su territorio— como el atentado que había obligado a dictarlos. La energía y decisión con que se habla en ellos al pueblo nicaragüense, excitó de tal modo al amor patrio de los centroamericanos que se hallaban conmigo, que borró en ellos hasta la más pequeña idea que les recordase los motivos porque nos encontrábamos a tanta distancia del suelo que nos proponíamos defender.

Desde entonces ya solo vimos en él amigos decididos a unir su suerte con la nuestra para salvar el honor nacional. Ningún centroamericano dejó de participar en este deseo; y puedo asegurar en favor suyo, que su actividad y decisión han contribuido a proporcionarme el honor que hoy tengo de ofrecer al Supremo Gobierno de Honduras un buque armado con las municiones de guerra que se encuentran a bordo, así como nuestros pequeños servicios en concepto de soldados voluntarios. Señálenos el lugar que debemos ocupar, y el Jefe a quien obedecer, y la manera con que cumplamos las órdenes de los Gobiernos de los Estados será la mejor garantía de las sanas intenciones que nos han conducido a la República.

Pero si no fuese esto bastante; si algunos de esos mismos Gobiernos quisiese poner a prueba nuestro amor patrio, nos proporcionará con esto un nuevo medio de acreditar la pureza de nuestras intenciones, si con el honor puede conciliarse el sacrificio que se nos exija.

La ocupación de una parte de la costa del Norte por un pueblo extraño como el de los "Moscos" no podrá verse nunca con indiferencia, porque equivale a perder para siempre un terreno que será con el tiempo a la República de grande utilidad; y porque la tolerancia de un hecho de tanta magnitud prepararía otros de igual naturaleza y de mayor trascendencia para lo sucesivo.

Pero la ocupación del puerto de San Juan del Norte, ejecutada por este mismo pueblo, es un golpe de muerte para la República, porque a mi modo de ver está cifrada su existencia nacional, la consolidación de su gobierno y su bienestar y grandeza en la abertura del gran canal oceánico por el puerto de San Juan.

Con iguales motivos a los que han servido para usurpar este puerto, podrían más tarde ocuparse las capitales de los Estados, porque la codicia no conoce límites cuando encuentra un débil pretexto en que fundar sus pretensiones y un apoyo en la arbitrariedad de un gabinete poderoso.

Si consultamos la historia, veremos en ella que el derecho de las grandes naciones se ha fundado en algún tiempo en causas de tal naturaleza que solo habrían excitado la burla y el desprecio si no hubiesen sido sostenidas con las armas; y este abuso funesto para los pueblos débiles, que la ambición ha sancionado tantas veces y legitimado el derecho del más fuerte, se ha repetido por desgracia en nuestros días.

Si más de tres siglos de posesión nunca interrumpida no nos han dado un derecho al puerto de San Juan, ¿cuál es el que fundan el suyo tantas naciones que por los mismos medios han adquirido los inmensos territorios que hoy poseen? La nación que nos niegue la legalidad de nuestros títulos a aquel puerto ha roto los suyos: títulos que le recuerdan su antigua pequeñez y miseria y que son hoy la única base de su poder, y el origen de su prosperidad y grandeza.

Lejos de mí la idea de que se obre militarmente antes de haber dado todos los pasos que las leyes exigen y prescribe la prudencia para pedir que se nos haga justicia. Las armas son medios usados por los que carecen de razón, y la que tienen los centroamericanos en la cuestión presente no puede remitirse a duda, ni por aquellos que se han posesionado impunemente de una parte de nuestro territorio.

Si me es lícito expresar mis opiniones, no para que las adopte ese Supremo Gobierno, sino para que vea en ellas los sentimientos que me animan, me permitiré el consignarlas solemnemente al terminar esta exposición.

Sería de desear que se nombrase un Ministro que procurase arreglar la cuestión sobre territorio de manera amistosa y digna de la nación que va a representar. Que se ponga entretanto en estado de defensa la República. Que se satisfagan los justos reclamos que por indemnizaciones y empréstitos exigen los extranjeros, señalando a este fin los productos líquidos de la alcabala marítima.

Este acto de justicia revelaría a las naciones extranjeras la existencia de un gobierno que quiere y puede satisfacer sus compromisos, dando al mismo tiempo con este hecho una prueba de su estabilidad y poder, y de los sanos principios en que está basada su política.

Semejante conducta serviría en mi concepto a los Gobiernos de Centroamérica para que se les atendiese en los fundados reclamos que deben hacer, puesto que ellos mismos habrían dado ya el ejemplo administrando cumplida justicia a los acreedores extranjeros.

Pero si contra lo que debe esperarse como resultado de esta conducta y de estos hechos, no se pudiese lograr una transacción honrosa para la República, quedará por lo menos a los centroamericanos la satisfacción de haberla procurado, y de acreditar al mundo entero que si se le coloca entre la humillación y la guerra, giran siempre el último partido, aun cuando tengan la certeza de no poder salvar más que el honor.

Me suscribo de Ud., señor Presidente, con toda consideración atento, obediente servidor.

FRANCISCO MORAZÁN

A bordo del bergantín "Cruzador." Bahía de La Unión, febrero 16 de 1842.

Es conforme: Ministerio de Relaciones. Comayagua, febrero 23 de 1842.

MORALES.

II
EL ESTABLECIMIENTO DEL PUERTO DE LA PAZ, (SAN LORENZO), EN 1843

Ministerio de Relaciones del Supremo Gobierno del Estado de Honduras.—D.U.L.—Casa de Gobierno.—Comayagua, abril 19 de 1843.—Señor Jefe Político del Departamento de......

El Señor General Presidente se ha servido dirigirme el decreto siguiente:

El Presidente en quien reside el Poder Ejecutivo del Estado de Honduras.

Por cuanto: la Cámara de Representantes ha decretado y constitucionalmente se ha sancionado lo que sigue:

La Cámara de Representantes del Estado de Honduras, considerando: que el Estado no tiene un puerto al Sur habilitado legalmente; y que por el reconocimiento e informe del inteligente que se nombró para el efecto, la bahía llamada de San Lorenzo es el mejor punto que ofrece el mar Pacífico en las costas de la República por su extensión, profundidad y demás circunstancias que se requieren para un buen puerto, ha tenido a bien emitir el siguiente:

DECRETO

Art. 1° — Se habilita como puerto del Estado en el Pacífico, el llamado hasta hoy de San Lorenzo, que se llamará en lo sucesivo Puerto de La Paz.

Art. 2° — Queda el Gobierno facultado:

1° para plantear una administración provisional, mientras logra ponerla bajo la misma planta que está la de los otros puertos;

2° para hacer que todos los que, sin propiedad, viven dispersos en los campos del Departamento de Choluteca, se reúnan en población en dicho punto; y

3° para que se cierren todos los esteros que conducen a diversos puntos de la costa.

Art. 3° — La administración provisional cobrará los derechos de introducción con arreglo a las leyes del Estado.

Pase al Gobierno. — Dado en Comayagua a 12 de abril de 1843.

Felipe Jauregui, R.P. — Vicente A. Bocanegra, R.S. — Macedonio Zúñiga, R.S.

Por tanto: ejecútese. Lo tendrá entendido el Ministro del despacho de Relaciones, y dispondrá lo necesario a su cumplimiento.

Dado en la ciudad de Comayagua en la Casa de Gobierno a 18 de abril de 1843.

Francisco Ferrera.

Al señor Coronel Morales.

Y lo comunico a Ud. para que lo haga publicar y circular en los pueblos de su mando; y de su recibo espero el que corresponde, ofreciéndole mi aprecio y consideraciones.

MORALES

III
SE DECLARA A MORAZÁN LIBERTADOR DE COSTA RICA

"La Asamblea Constituyente del Estado de Costa Rica, deseando dar testimonio público de sus sentimientos de gratitud hacia el Benemérito General señor Francisco Morazán, a cuyos sacrificios y patrióticos esfuerzos debe el Estado su libertad y la gloria de ser regido por un Gobierno que es el baluarte de su seguridad y demás bienes sociales; que por lo mismo es conveniente fijar de una manera irrevocable la memoria de los importantes servicios que dicho señor General ha prestado a la causa de Costa Rica, consignando su nombre con el mejor distintivo en un acto solemne de la representación del pueblo, con unanimidad de votos, ha venido en decretar y

DECRETA:

Artículo único.—El Benemérito General señor Francisco Morazán se denominará en lo sucesivo LIBERTADOR DE COSTA RICA.

Comuníquese al Poder Ejecutivo para que se imprima, publique y circule.

Dado en San José, a los quince días del mes de julio de mil ochocientos cuarenta y dos.

JOSÉ FRANCISCO PERALTA,
Diputado Presidente.

JOAQUÍN BERNARDO CALVO,   FÉLIX SANCHO,
Diputado Secretario.   Diputado Secretario.

San José, 1° de agosto de 1842.—Al señor Ministro General:

La Asamblea, en sesión de hoy, ha sido informada por algunos de sus individuos de que el Ejecutivo se ha abstenido de imprimir, publicar y circular el decreto que la misma se sirvió expedir el 15 del próximo pasado, declarando LIBERTADOR DE COSTA RICA al señor Francisco Morazán; y considerando que semejante omisión sólo puede ser efecto de la misma delicadeza de dicho General, por cuanto es el encargado actualmente del Poder Ejecutivo, ha acordado hacer saber a este: que la Asamblea espera no postergará por más tiempo la impresión, circulación y publicación del enunciado decreto, sin que obste consideración alguna; pues es un documento cuyo conocimiento interesa tanto más a los pueblos cuanto él es la expresión de los sentimientos más puros de gratitud del pueblo de Costa Rica, producidos por sus representantes en favor de la persona que heroicamente lo restablecería al pleno goce de su libertad de derechos.

Es con el fin indicado que tenemos la honra de decirlo a Ud., señor Ministro, de orden de la Asamblea Constituyente, teniéndola muy particularmente reproducir que somos sus atentos servidores.

JOAQUÍN BERNARDO CALVO,   FÉLIX SANCHO

IV
SE DECLARA QUE COSTA RICA FORMA PARTE DE LA REPÚBLICA DE CENTRO AMÉRICA

"La Asamblea Constituyente del Estado de Costa Rica, considerando:

1° — Que la posición topográfica de Costa Rica, sus intereses, relaciones y simpatías lo llaman a ser parte integrante de Centro América como lo ha sido desde antes del glorioso pronunciamiento de independencia de la dominación española.

2° — Que por tan justas consideraciones concurrió con los demás Estados a acordar el Pacto de 1824, por el cual se proclamaron y constituyeron en Nación soberana, libre e independiente, acordaron las bases para un Gobierno que los representara en el exterior y conservase la unidad nacional, y para darle instituciones análogas a sus necesidades e intereses, en la capacidad de Estados independientes entre sí y ligados por la Constitución general.

3° — Que si los vínculos de asociación política de los mismos Estados aparecen rotos por las vías de hecho, el pueblo de Costa Rica no ha desconocido la conveniencia de restablecer el imperio de las leyes, darle vida a la República y consolidar la paz, que tanto interesa al honor, respeto y bienestar de la misma.

4° — Que una triste experiencia adquirida con inmensos sacrificios convence que la dislocación de los Estados los ha comprometido en sus relaciones exteriores y puesto a merced de las disensiones intestinas.

5° — Que Costa Rica no habría sufrido la calamidad con que lo afligiera el tirano, si a la sombra de un Gobierno de leyes en la República sus votos no hubiesen sido sofocados por las facciones que eran consiguientes a la completa desorganización de aquéllos; y

6° — Que para evitar nuevas y dolorosas consecuencias en la marcha política del Estado es no sólo conveniente y necesario, sino de la más urgente necesidad, promover por cuantos medios sean al alcance la reorganización general de la República y el establecimiento en ella de un Gobierno liberal, sólido y fuerte, con unanimidad de votos,

DECRETA:

Artículo 1° — El Estado de Costa Rica que, por una mano atrevida y criminal, fue sustraído de las leyes y autoridad nacionales creadas a virtud del Pacto general, pertenece a la República de Centro América, y es y será parte integrante de ella, según lo expresa la Ley Fundamental de 21 de enero de 1825.

Art. 2° — El Estado de Costa Rica quiere decididamente la reorganización de la República a que pertenece, y excita para tan glorioso objeto, e interesa el patriotismo de todos los centroamericanos.

Art. 3° — El Estado de Costa Rica concurrirá con los demás Estados, por medio de sus Representantes electos directamente por el pueblo con amplios poderes, a un gran Congreso o Asamblea Constituyente, que se ocupará de la formación de un nuevo Pacto bajo bases sólidas, que hagan la prosperidad pública y den una verdadera seguridad interior y exterior.

Art. 4° — El Poder Ejecutivo del Estado queda autorizado para obrar como convenga a fin de que tenga efecto la reorganización de la República y establecimiento de la unidad nacional, que reclaman altamente los deseos e intereses de los centroamericanos.

Comuníquese al Poder Ejecutivo para su cumplimiento y publicación.
Dado en la ciudad de San José, a los veinte días del mes de julio de mil ochocientos cuarenta y dos.

JOSÉ FRANCISCO PERALTA,
Diputado Presidente.

JOAQUÍN BERNARDO CALVO   FÉLIX SANCHO
Diputado Secretario   Diputado Secretario

Por tanto: ejecútese, circúlese y publíquese.
Casa de Gobierno, San José, julio 21 de mil ochocientos cuarenta y dos.

FRANCISCO MORAZÁN.

V
SE DA EL TÍTULO DE DIVISIÓN LIBERTADORA DE COSTA RICA A LA QUE COMANDÓ EL GENERAL MORAZÁN EN SU INGRESO A AQUEL PAÍS

"La Asamblea Constituyente del Estado de Costa Rica, considerando:

1° — Que en el aciago 27 de mayo de 1838, una facción liberticida despojó a las autoridades legítimas del Estado y colocó de hecho en el mando supremo al Licenciado Braulio Carrillo; que por consecuencia de tan atroz atentado, la Constitución y las leyes perdieron su energía, quedando los costarricenses en manos de una administración ilegítima y arbitraria, y privados de los recursos que la Constitución consignara contra los abusos del Poder; que en tan tristes circunstancias no había medio para sacudir el yugo oprobioso, siendo el resultado de las tentativas que se hicieron la persecución y la muerte; que habiendo a la sazón desaparecido el centro de unidad y el Poder Nacional por las intrigas de los refractarios, no quedaba a los costarricenses más que una fuerza exterior, que sirviendo de apoyo a la opinión general pronunciada contra el gobernante intruso, les restituyera su libertad; que con tan laudable objeto, el Benemérito General Libertador de Costa Rica, Francisco Morazán, reunió una división armada de centroamericanos, con un cuadro de jefes y oficiales valientes, saltó a tierra en el puerto de Calderas y marchó rápidamente a apoderarse de esta ciudad; que logró felizmente, con la cooperación del honrado

General Vicente Villaseñor, que con su carácter republicano y amante de los principios no pudo ser indiferente a la suerte deplorable de su patria adoptiva, así como lo fueron los jefes, oficiales y tropa de la división de su mando, que por un grito simultáneo y con el entusiasmo de libres costarricenses se unieron a los libertadores, tomando las armas contra el opresor que se las diera, lo mismo que las autoridades superiores, vecindario y división del departamento de El Guanacaste, que se pronunció, de mano armada, en sostén de las libertades patrias tan pronto como se supo el arribo del General Morazán a nuestras costas. La Asamblea, fuertemente conmovida por tan distinguidos servicios, y deseando dar un testimonio público del alto aprecio y reconocimiento que le merecen,

DECRETA:

Artículo 1° — Los Representantes del Estado votan acción de gracias a la división de centroamericanos que, al mando del Benemérito General Francisco Morazán, vino a dar libertad a Costa Rica.

Art. 2° — Quieren que a nombre de los costarricenses se manifieste su reconocimiento a los Generales, jefes, oficiales y soldados que componen la indicada división y el aprecio que hacen de sus servicios.

Art. 3° — En lo sucesivo se denominará: División Libertadora de Costa Rica.

Art. 4° — La división del Estado que salió a batirse con la libertadora y tornó las armas contra el intruso, proclamando la libertad de la patria, ha contraído un mérito; la Asamblea lo reconoce y quiere que a su nombre se les den las gracias a los jefes, oficiales y tropa que la forman, por sus servicios en favor de la causa pública.

Art. 5° — Al Jefe de la división dicha, General Vicente Villaseñor, se le obsequiará una medalla de oro, a nombre del Estado. En su anverso figurarán las armas del mismo, con una leyenda en la circunferencia que diga:

Costa Rica: al mérito reconocido del General Vicente Villaseñor.

Art. 6° — Las autoridades superiores, vecindario y división del departamento de El Guanacaste, obraron meritoriamente, pronunciándose contra el Gobierno intruso y secundando los esfuerzos de la división libertadora cuando supieron que ésta saltó a tierra en el puerto de Calderas. Los Representantes del Estado les tributan una expresión de agradecimiento y reconocen sus servicios.

Art. 7° — El día doce de abril de todos los años será feriado, y se celebrará en él, con las mayores muestras de regocijo, una función religiosa y cívica en las cinco ciudades principales del Estado, tomándose para los gastos precisos de los fondos municipales de ellas mismas. El Gobierno expedirá el reglamento necesario a fin de que la celebridad dicha sea lo más solemne posible, para fijar en la memoria de los costarricenses el grato recuerdo del día en que recobraron sus derechos usurpados.

Comuníquese al Poder Ejecutivo para su publicación y cumplimiento.

Dado en la ciudad de San José, a los veintisiete días del mes de julio de mil ochocientos cuarenta y dos.

JOSÉ FRANCISCO PERALTA,
Diputado Presidente.

JOAQUÍN BERNARDO CALVO   FÉLIX SANCHO.
Diputado Secretario.   Diputado Secretario.

BIBLIOGRAFÍA

1. EDUARDO MARTÍNEZ LÓPEZ. Biografía del General Francisco Morazán. Segunda Edición.- Tegucigalpa, 1931.

2. FÉLIX SALGADO. Compendio de Historia de Honduras. Ultima Edición.-Tegucigalpa,1941.

3. RÓMULO DURÓN. "Morazán".- Boletín del IHDCIA. Tegucigalpa,1942.

4. FRANCISCO MORAZÁN. Mensaje al Congreso Federal. 1835.

5. FRANCISCO MORAZÁN. La Expulsión de los Regulares de Centro América. —Revista del Archivo y Biblioteca Nacionales.- Tegucigalpa.

6. JOSÉ FRANCISCO BARRUNDIA. Carta al General Morazán, 1830.

7. LORENZO MONTÚFAR. Reseña Histórica de Centro América.

8. Memorias del General Morazán.

9. JOAQUÍN RODAS M. Morazánida.

10. RÓMULO E. DURÓN. Efemérides de Honduras.

11. RÓMULO E. DURÓN. Bosquejo Histórico de Honduras.

12. ANTONIO R. VALLEJO. Historia Social y Política de Honduras.

13. PEDRO RIVAS. Monografía Histórica de la Batalla de La Trinidad.

14. BENJAMÍN MAZARIEGOS SANTIZO. Incidentes de Viaje por Centro América, Chiapas y Yucután.

15. J. ANTONIO VILLACORTA. Curso de Historia de la América Central.

16. Comentarios Bibliográficos de distintos autores acerca de Francisco Morazán.

1. Acta de la República de amigos, Tegucigalpa 1898 (Tip. Nac.).

2. Código Penal, 1898, Tegucigalpa (Tip. Nac. 1899).

3. HAROLD E. DAVIES. Francisco Morazán (Makers of Democracy).

4. JORGE FIDEL DURÓN. Últimos días de Morazán.

5. FERNÁNDEZ GUARDIA. Francisco Morazán.

6. CARLOS IZAGUIRRE. Historia Luminosa de Francisco Morazán, Tegucigalpa, Honduras.

7. JULIÁN LÓPEZ PINEDA. El General Morazán, Tegucigalpa, Honduras.

8. ARTURO MEJÍA NIETO. Pequeña Síntesis biográfica del Gral. Francisco Morazán, Buenos Aires. Honduras.

9. RAFAEL REYES. Vida de Morazán.

10.MÁXIMO HALL. Un vistazo sobre Costa Rica en el siglo XIX.

11. AGUSTÍN ALONSO. Juan Bautista Morazán (Boletín del Distrito Central).

12. ÁLVARO CONTRERAS. Discurso del 15 de sept. de 1882.

13. Folleto del Ministerio de Instrucción Pública de Honduras, 1917.

14. ALTAMIRANO. Fco. Morazán (Diario de hoy, 1942).

15. NAPOLEÓN VIERA ALTAMIRANO. Vida de Justo Rufino Barrios y Francisco Morazán (Diario de Hoy, San Salvador. El Salvador 1942,.

16. MIGUEL T. ALVARADO. Centro América.

17. SANTIAGO I. BARBERENA. Historia Antigua.

18. JOSÉ ANTONIO CEVALLOS. Recuerdos Salvadoreños.

19. Compendio de la Vida de Francisco Morazán, por el Ministerio de Instrucción Pública de Honduras.

20. FRANCISCO GAVIDIA. Historia Moderna de El Salvador.

21. ALEJANDRO MARURE. Bosquejo Histórico de la Revolución de Centro América.

22.ALEJANDRO MARURE. Efemérides de los Hechos Notables.

23. JOAQUÍN MÉNDEZ. Libro de Premio N° 3 (Compilación de artículos y Composiciones de autores de Centro América.

24. FRANCISCO MONTERO BARRANTES. Historia de Costa Rica.

25. MANUEL MONTÚFAR. Memorias de Jalapa.

26. MANUEL MONTÚFAR. Reseña Histórica de Centro América (Guate-mala, 1878-81).

27. Pro-Patria (pequeñas biografías). Tegucigalpa, Honduras, 1910.

28. A. REYES. Vida de Morazán.

29. JOAQUÍN RODAS M. Morazánicas.

30. R. A. SALAZAR. Historia de Veintiún Años.

31. MÁXIMO SOTO HALL. Costa Rica en el siglo XIX.

32. R. HELIODORO VALLE. Documentos relativos a la Anexión de Centroamérica América a Méjico.

33. A. R. VALLEJO. Historia Social y Política de Honduras.

MEMORIAS DEL GENERAL MORAZÁN

Para escribir la vida de los hombres públicos que han figurado en tiempos pacíficos bajo un Gobierno constitucional, basta conocer los hechos y las leyes, y ser exacto e imparcial en las observaciones. Para conocer la de los que han figurado en tiempos de revolución y anarquía cuando no ha existido más ley que la salvación de la patria, no es suficiente hallarse impuesto de los sucesos, conocer sus causas ostensibles y pesar las circunstancias que influyeran en ellas; es también necesario buscar el verdadero espíritu que los ha dictado, en los secretos del corazón humano; sin dejarse seducir por los que, aparentando imparcialidad, se constituyen en intérpretes de éste con la mira de satisfacer sus bajas y mezquinas pasiones.

Una misma acción puede ser aconsejada por el interés común, o sugerida por una atroz venganza, y merecer en aquel caso la aprobación pública, o ser en éste reputada por un delito imperdonable.

La muerte de César habría sido un crimen a los ojos de los romanos, si éstos no hubiesen conocido los motivos que obligaron a Bruto a ejecutarla; y no se atribuyera hoy al Gobierno inglés el deseo de abreviar los días de la vida de Napoleón, si hubiera justificado las causas que le obligaron a colocarle bajo la mortífera atmósfera de la isla de Santa Elena.

No es menos cierto que el espíritu de partido ha podido engañar muchas veces al escritor imparcial, y trasmitir por este artificioso medio a la posteridad, como verdades históricas, lo que sólo era obra de la venganza y de la adulación.

Pero esta falta no pertenece exclusivamente a los que nos han dado a conocer lo que ha ocurrido en el antiguo mundo: lo es también de los que se dedican a instruir a las generaciones venideras de lo que pasa en el nuevo, en donde han adquirido numerosos estímulos las pasiones, por el abuso que se hace de la imprenta.

No se crea por esto que yo desee que se limite por una censura previa. Cualquiera que se establezca para destruir un vicio, que es inherente a la libertad de publicar los pensamientos, llevaría consigo el germen que también destruyese esta saludable institución, que si ha sido el mejor sostén de los Gobiernos monárquicos moderados, es, sin disputa, el alma de las instituciones democráticas.

Sí; varias veces se ha abusado de ella contra mí para insultarme; y protesto a los centroamericanos a quienes me dirijo, que lejos de disputar a mis enemigos la posesión de este miserable recurso, procuraré no traspasar los límites de la moderación y del decoro.

No escribo para exaltar pasiones, y menos para revelar faltas y decir injurias a los que me han calumniado en sus memorias impresas en las ciudades de Jalapa y México; sólo tomo la pluma para vindicarme.

Sólo este sentimiento ha podido vencer la resistencia que siempre he tenido para hablar a la Nación, aun en favor de mi propia causa, porque ni nunca me he considerado con la disposición que se requiere en aquel caso, ni con la humildad que se necesita en éste para mendigar un defensor, pues siempre he creído que el que no aspira a engañar, debe presentarse al pueblo con sus propios colores.

En los ocho años que serví a la primera Magistratura, muchos de mis enemigos obtuvieron destinos públicos, sin detenerse a examinar la legalidad de mi elección, ni los motivos que me conservaron en el poder; y a otros que me prodigaban injurias, siempre les acredité con mi silencio, que no deseaba hacer uso para desmentirlos de las ventajas que me daba mi posición. Mas cuando observé que en la desgracia hasta algunos de mis amigos me juzgaban, me decidí a escribir mi vida pública.

No pudiendo fiar a la memoria todos los acontecimientos ocurridos en una revolución de catorce años, pedí los documentos necesarios a Centro-América.

Pero entretanto estos llegan, el tiempo pasa, mis enemigos dan una siniestra interpretación a mi silencio, arrojan sobre mi nuevas calumnias, y no se halla al alcance de todos mi conducta pública que los desmienta. Es por esto que me veo obligado ahora a hablar siquiera de una manera sucinta de los principales acontecimientos ocurridos en la revolución de 1828, que han sido maliciosamente desfigurados por unos, y censurados injustamente por otros. Procuraré apoyarlos en documentos dignos de toda fe, y en testigos, que a la calidad de intachables, por el buen crédito que me merecen, reúnan la particular circunstancia de contarse ellos en el número de mis enemigos. La relación íntima que tienen algunos de los hechos que voy ahora a referir, acaecidos antes de la guerra de 1828, con la materia de que me ocupo, no me permite pasar aquellos en silencio.

La elección del Presidente de la República hecha por el Congreso en el ciudadano Manuel José Arce, contrariando el voto de los pueblos, que dieron su sufragio al ciudadano José del Valle fue, en mi concepto, el origen de las desgracias de aquella época.

Dos partidos concurrieron a ella. En el uno se hallaban los más ardientes defensores de la independencia y los mejores amigos de la libertad. Estos le dieron sus votos para que sostuviese la Constitución Federal, que era obra suya.

Se encontraban en el otro los enemigos de esta Constitución, los amigos de la dependencia española (los frailes, el arzobispo y los Aycinenas) y los que unieron la República al Imperio mexicano. Estos le dieron sus sufragios con la esperanza de que cooperase a la variación del sistema.

Ambos bandos tenían motivos de confianza en su candidato. Aquel citaba en su apoyo la conducta que el ciudadano Manuel José Arce había observado en favor de la Independencia. Este tenía por garantías la opinión que el mismo Arce manifestó desde México al Padre Obispo Delgado, con respecto al sistema que convenía a Centro América, y las que conservó siempre contra el federalismo, que no daban a la verdad las mejores seguridades de su buen modo de proceder en el Gobierno.

Puede, sin descrédito, un ciudadano sacrificar sus opiniones particulares al cumplimiento de sus deberes como hombre público: esto es posible. Pero no puede voluntariamente colocarse, sin mancillar su reputación, en la difícil alternativa de faltar a sus juramentos, y causar las desgracias de su patria; y esto hizo Arce.

Él admitió la primera magistratura de un Gobierno contrario a sus opiniones, y prestó el solemne juramento de ejecutar y hacer cumplir una Constitución que, según lo repite tantas veces en su memoria de 1830 impresa en México, sistema la anarquía y autoriza el desorden.

Si esta conducta no puede conciliarse con la que debiera observar el patriota y el alto funcionario, ella sin embargo descubre los verdaderos motivos que le obligaron a apoyar sus repetidas infracciones de la Constitución en un partido que, al deseo de variarla, añadían algunos de sus principales directores, la halagüeña esperanza de encontrar en Arce el héroe que les hiciese olvidar la sensible pérdida del Emperador Iturbide.

No podría, ciertamente, reconocerse en este modo de proceder al hombre agradecido por la alta distinción con que lo honraran los pueblos, llamándolo a regir sus destinos, si el deseo de ser, a los ojos de estos mismos el bienhechor del primer lustro de la libertad, y por lo menos el primer patriota de la época, no vinieran en su auxilio a disculparlo: ¡Funesta presunción, que tantos males ha causado a la República!

Si el ciudadano Manuel José Arce se hubiera negado a admitir la presidencia, se habría excusado del doble compromiso que sus opiniones, con respecto a la Constitución, le habían sin duda hecho prever. No hubieran entonces tenido lugar sus temores de anarquizar la República si cumplía con las leyes que autorizaban, en su concepto, el desorden; ni sus juramentos habrían sido violados con la infracción de aquellas, agravando con este hecho los mismos males que pensaba evitar.

Tan noble conducta hubiera librado a Centro América de mil desgracias, y al Presidente de ella de un tardío y estéril arrepentimiento, que le fue arrancado por un acto de la más negra ingratitud que lo despojara del ejercicio de la magistratura, y vino en socorro del pueblo cuando se hallaba ya dividido y destrozado por la guerra civil y la anarquía.

"Yo acababa (dice el Presidente Arce), de estudiar en Washington y en los principales Estados Angloamericanos, el sistema federal: había penetrado su origen: había pulsado sus enlaces: me enteré de sus ventajas y me hice cargo de sus defectos". Y todo esto, es necesario decirlo, se obró en pocos días y sin el menor conocimiento del idioma inglés.

No podía decir más el sabio e infatigable míster Alejo Tocqueville, a quien debemos su preciosa obra titulada "De la democracia en la América del Norte".

¡Desgraciados centroamericanos! ¡Vuestros males se pueden lamentar; pero consolaos con este estéril sentimiento, porque no es posible, en conciencia, hacer responsable de ellos a su autor! Si todas las opiniones que he referido son bastantes a hacer conocer la suerte que esperaba a Centro América, yo no las presento al público sino como las precursoras de grandes hechos, que hablan al corazón imparcial un idioma tanto más convincente cuanto que está fundado en las mismas leyes, argumentos y raciocinios aducidos por el ex-Presidente Arce en su propia defensa.

Dos partidos se presentaban a éste y a sus amigos en opinión para variar las leyes, objeto único de sus miras, de sus faltas, de su descrédito y de su desgracia. O el que se emplea regularmente en las repúblicas con el fin de obtener el triunfo en las elecciones y, de consiguiente, el influjo que se desea en las cámaras para reformar o variar la Constitución, o el de la fuerza.

Aunque el primero era más sencillo y el único legal, exigía mucho tiempo su ejecución y, además, carecía de trofeos y de gloria. Si podía haber alguna en persuadir, sería a los ojos del Presidente Arce, tan oscurecida por las intrigas que se suelen emplear en semejantes casos, como el color de los vestidos diplomáticos de las personas que debieran ejecutarlo.

No siendo este recurso acomodado al genio del Presidente, y menos a sus intereses, eligió el segundo partido. Dos motivos le obligaron a obrar de esta manera. Seguir las huellas de los héroes conquistadores para poder adquirir esa gloria guerrera, tanto más noble cuanto son grandes los obstáculos que vence y los peligros que corre el jefe militar que la obtiene a la cabeza de sus soldados vencedores, fue, sin duda, el objeto del primero. Afirmar para lo futuro en los hombros de estos mismos soldados la silla del poder en que no se creía bien seguro por la inconstancia de los diplomáticos que lo colocaron en ella, era la mira del otro.

Esta inconstancia que comenzaba ya a experimentar, le fue muy pronto funesta por la vez primera en el cuartel general de Jalpatagua. Allí lograron don Antonio Aycinena y don Manuel Domínguez introducirse, digámoslo así, disfrazados con las insignias militares que arrancaron al mérito del soldado y obtener un triunfo con el auxilio de la táctica diplomática, que tuvo por trofeos en deposición del Comandante Perk y el despojo de todo el influjo que tenía el Presidente Arce en el ejército. (Página ochenta y cinco de las Memorias de Arce).

El escandaloso suceso ocasionado porque unos pocos empleados del Gobierno del Estado de Guatemala no concurrieran en un mismo edificio con el Presidente de la República a la función cívica del 15 de septiembre de 1826, que en otras circunstancias sólo hubiera comunicado al pincel algunos personajes en actitudes propias a una caricatura, produjo entonces malísimos resultados.

Todos los elementos de discordia que se habían ya acumulado por los que apetecían un cambio, se agitaron de tal modo, que ocasionaron muy pronto la completa desorganización del Estado de Guatemala que, abandonado y sin defensa, quedó en manos del Presidente de la República, el que, por un abuso escandaloso de su autoridad, también redujo a prisión a su primer Jefe, ciudadano Juan Barrundia, y desarmó las milicias del mismo Estado.

"Este desenlace", se dice en la Memoria de Jalapa escrita contra mí por don Manuel Montúfar, Jefe de Estado Mayor del ex-Presidente Arce, cuya opinión es irrecusable, "hizo ridículo todo lo que antes había parecido un golpe maestro de aquellos que afirman el orden: todos los que se habían comprometido comenzaron a temer y a desconfiar en lo sucesivo. El Presidente publicó pocos días después una exposición documentada de los motivos que impulsaron al arresto de Barrundia: todas eran conjeturas, razones de congruencia y documentos diversos, débiles unos, ridículos otros, y todos capaces de persuadir en lo privado que existía una conspiración; pero no para convencer en juicio".

Semejante suceso, que, por las circunstancias de que fue acompañado, pareció a algunos un ensayo de las armas del poder, y que, en realidad, fue el resultado de una combinación que preparara, como se vio después, igual suerte a todos los jefes de los demás Estados que no supieran defenderse, inspiró en éstos una fundada y justa desconfianza. Aunque se quiso disculpar el hecho, asegurando que aquel funcionario había provocado con su conducta al Jefe de la Nación, y obligado a éste a hacer uso de la facultad que le concede el artículo 175 de la Constitución, que nada previene para un caso tan singular; la conducta observada por el Vicejefe Flores, que el mismo Presidente colocó en el Gobierno por la confianza que le inspiraba, les acreditó que éste sólo buscaba en las autoridades de los Estados, agentes sumisos y prontos a ejecutar sus voluntades.

Pero Flores se portó con una dignidad y firmeza que no se esperaba, resistiéndose a cumplir la orden de desarmar al Capitán Cerda, y negándose a admitir la fuerza federal que le ofrecía el Presidente: la que con pretexto de hacer respetar la autoridad del Estado y conservar el orden en los pueblos debía completar la sumisión de éstos y la humillación de aquel funcionario.

Conducta tanto más honrosa y meritoria cuanto que ella produjo la catástrofe que le aguardaba en la misma iglesia de Quezaltenango, en donde, puesto en manos de un feroz populacho, instigado por las funestas ideas que le inculcaron sus sacerdotes, pereció al pie de las imágenes de los Santos, a la vista de jueces y en presencia de la Eucaristía, que éstos exhibieran para acreditar sin duda, que muchos de los que se llaman religiosos entre nosotros, no creen en el Dios de los verdaderos cristianos.

Y de este modo los empolvados altares del fanatismo, que estaban ya olvidados en el presente siglo, fueron de nuevo levantados por sus dignos ministros, y enrojecidos con la sangre inocente del desgraciado Vicejefe Cirilo Flores.

Para que no se crea que exagero, hablando de la sumisión que el Presidente exigía de los Jefes de los Estados, copiaré lo que dice aquel funcionario en la página 42 de sus Memorias.

"Sin pérdida de instante se puso en el conocimiento del Vicejefe, ciudadano Cirilo Flores, el arresto del Jefe Barrundia, previniéndole que tomase el mando del Estado, en razón de ser él llamado por la ley, a ejercerlo en casos semejantes, franqueándole al propio tiempo la tropa veterana para que la emplease en la conservación del orden y en el servicio de su persona y de la Asamblea. También se le pre- vino que mandara a desarmar al Capitán Mayor Cayetano Cerda, que permanecía en el departamento de Chiquimula, alborotando los pueblos y perturbando la tranquilidad con la tropa con que atacó a Espínola: Flores se encargó de la jefatura: pero se negó a obedecer al Gobierno en todo lo demás, y particularmente en el punto tan esencial de desarmar a Cerda...

En la foja siguiente se expresa en estos términos: "Como en tiempos de revolución todo es delirio, no ha faltado entre nosotros quien se atreva a proferir la blasfemia política, de que los jefes de los Estados no son súbditos del Presidente de la República, y es así que me veo en la necesidad de hablar hasta de esta impertinencia. La Constitución, en el artículo 123 dispone: que el Presidente prevenga a los jefes de los Estados lo conveniente en todo lo que concierna al servicio de la Federación".

Sea cual fuese de sus acepciones la que le dé al verbo prevenir, nunca será la de mandar a ordenar el superior al súbdito que ejerza alguna cosa. El Presidente, en uso de este artículo, pudo prevenir, advertir, informar o avisar a los Gobiernos de los Estados lo conveniente al servicio de la Federación; pero no pudo mandarles en concepto de subordinados".

Si el artículo en cuestión exigiese de los jefes de los Estados la absoluta subordinación al Presidente de la República, que deben los súbditos han superior, no merecía ciertamente el nombre de federal la Constitución de Centro América; y si el Presidente Arce hubiera conocido mejor nuestro sistema y su propio idioma, habría cometido una falta menos en su conducta administrativa, y quitado a la venganza de sus partidarios un motivo más para llevar la guerra en su nombre a todos los Estados de la unión.

Cada uno de los Estados que componen la Federación, es libre e independiente en su Gobierno y administración interior (art. 10) y les corresponde todo el poder que por la Constitución no estuviese conferido a las autoridades federales.

A la vista de este artículo ¿cómo habrá podido sostener el Presidente Arce semejantes pretensiones? Y, ¿cómo sin pasar por la humillación de que una autoridad extraña se ingiriese a título de superior en el régimen interno del Estado, podía el Vicejefe Flores, por las órdenes de aquel, tomar posesión del Gobierno: desarmar al Capitán Cerda; y lo que es aún más degradante, admitir a su servicio fuerzas federales, porque no convenía a los intereses del Jefe de la Nación que usase de las del Estado que había ya éste disuelto, reteniendo en su poder el armamento?

Pero aún hay más. Sobre el poder que da el citado artículo 10 a los Gobiernos de los Estados, aparece otro mayor, que si han pasado en silencio los legisladores, no por esto han podido evitar que exista, y menos que se ejerciera de una manera positiva por los Estados en el momento mismo en que se buscaban pretextos para humillarlos, y se invocaban las leyes para reducir a sus jefes a la humilde condición de subalternos. Hablo de la parte de supremacía que corresponde a los Estados. Supremacía más eficaz que la de la Federación: puesto que se ejerce, como se vio entonces, al arribo inmediato del pueblo, en lugar que la otra sólo tiene por apoyo la ley y el convencimiento de unos pocos ciudadanos a quienes su ilustración los eleva sobre las localidades, y sus honrosos precedentes los llaman a servir los primeros destinos de la Federación.

Si esta es una falta que causa algunas veces males y principalmente en los gobiernos nuevos, ella nace de un vicio inherente al sistema federal que divide en fracciones al pueblo; y por lo mismo exige para evitar sus malas consecuencias el mayor tino y prudencia de parte del primer funcionario.

Si este convencimiento pudo hacer más moderado y circunspecto al Presidente Arce, el conocimiento que adquirió del sistema federal en la República de Norteamérica le debió descubrir la complicación de la teoría y las dificultades en su aplicación. Dificultades que debiera considerar mayores en Centro América, puesto que no podía aguardar que se encontrasen en el pueblo, ni el conocimiento regular de aquel sistema, ni el hábito de gobernarse por sí mismo.

Debió tener presente que, como Jefe de la República, era el primer responsable de la paz. Se había hecho cargo de los defectos del sistema federal. Había estudiado el de la República que gobernaba; conocía a los hombres que estaban a la cabeza de los negocios, y no ignoraba los hábitos y educación del pueblo. Tenía éste, pues, muchos títulos para aguardar de la capacidad y experiencia de su Presidente, lo que no podía esperar de la ilustración y buenos deseos que animaran a sus mejores ciudadanos. Todas las miradas estaban por esto pendientes de la conducta que observaría el Supremo Magistrado.

De él aguardaban todos el bien de la República. Nadie le podía disputar el alto honor de haberlo conseguido; ni menos puede hoy dividir con otro la responsabilidad de los males que ocasionó con una guerra que pudo y debió evitar.

No teniendo ya nada que temer el Presidente Arce en el Estado de Guatemala, en donde, por consecuencia de los hechos que acabo de referir, las autoridades legitimas habían ya desaparecido, mandó hacer nuevas elecciones que, por el influjo de las bayonetas, recayeron en aquellos hombres más notables de su partido. Reorganizado de esto modo el Estado de Guatemala, dirigió el Presidente sus miradas a los de Nicaragua y Honduras.

En el primero, por una anomalía propia de la revolución, se encontraban a un mismo tiempo gobernando el Jefe Cerda y el Vicejefe Argüello, y eran ambos obedecidos por sus respectivos partidos.

Como el de Argüello pertenecía a los liberales y las opiniones de este funcionario eran contrarias a las del Presidente de la República, la política demandaba la protección decidida que éste le prestó a Cerda, remitiéndole una cantidad considerable de fusiles, que condujo el ciudadano Policarpo Bonilla.

Este auxilio llamó la atención a Argüello y no pudo proteger a Honduras, en donde buscaba motivos el Presidente para desorganizarlo.

A este fin mantenía correspondencia con los más desacreditados enemigos del Jefe de aquel Estado, ciudadano Dionisio Herrera, y daba otros pasos que, si eran menos deshonrosos, no parecían propios del que aparentaba un profundo respeto a las leyes, sino del que buscaba el triunfo sin escrupulizar los medios de conseguirlo.

El Teniente Coronel de la Federación, Ignacio Córdova, que por licencia del Supremo Poder Ejecutivo servía la Comandancia local de la ciudad de Tegucigalpa, con nombramiento del mismo Jefe Herrera, cuando fue separado por éste, se negó abiertamente a obedecer, alegando que había obtenido igual nombramiento del Jefe de la Nación. La ciudad de Tegucigalpa se halla situada en la cordillera a más de dos mil metros de altura sobre el nivel del mar, y distante de éste cuarenta leguas por la parte más inmediata. No es, pues, ni una frontera ni un puerto para que el Presidente se creyese facultado para nombrar allí un Comandante, a no ser que haya pensado hacer después navegable el río de aquella ciudad en las doscientas leguas que corre antes de desaguar en el Pacífico. Este escandaloso avance de la autoridad, ejecutado con la mira de sostener el partido que hacía la revolución a Herrera en Honduras, produjo la acusación que éste dirigió al Congreso contra el Presidente Arce, acompañando todos los documentos que esclarecían el hecho.

Despechados los enemigos del Jefe Herrera con el mal resultado que tuvieran los medios que habían empleado hasta entonces para trastornar el orden, se decidieron a quitarle la vida. A medianoche los asesinos dirigieron sus tiros por dos balcones de la casa que habitaba, a otras tantas camas colocadas al frente.

Los malvados ignoraban cuál de ellas pertenecía al Jefe Herrera; pero sabían muy bien que una era ocupada por su esposa. Sin embargo, antes quisieron triplicar las víctimas, agravando su crimen con la muerte de la madre inocente y del hijo tierno que aquella tenía en sus brazos en el fatal momento, que permitir se les escapase la que era objeto de la venganza de aquellos que habían estimulado su sórdido y mezquino interés. Pero por una feliz casualidad las balas se introdujeron en el colchón de la cama en que se hallaba la señora de Herrera, y otras rompieron una columna del catre en que dormía éste, sin haberles cansado daño alguno.

Los asesinos presentaron en su precipitada fuga las señales positivas de ese crimen. En aquella misma noche, sin ser perseguidos, desaparecieron de la ciudad de Comayagua el Escribano Ciriaco

Velásquez y Rosa Medina, quien después acreditó, en la destrucción de las mejores casas de Comayagua, mandada a ejecutar por el Coronel Milla cuando sitiaba aquella ciudad, que era tan buen incendiario como torpe asesino.

A los pocos días de haberse intentado este crimen, se introdujo en el Estado de Honduras el batallón federal número 2, al mando del Coronel Milla, con el pretexto de custodiar los tabacos que existían almacenados en la Villa de los Llanos, perteneciente al mismo Estado y distante setenta leguas de la Capital de Comayagua, que era entonces la residencia del Jefe Herrera.

Este, que tenía mil motivos para temer un atentado del Presidente de la República, y que no veía el riesgo que corrían los tabacos existentes en el departamento de Gracias, se persuadió que él era el único objeto de aquella fuerza. Tomó, en consecuencia, algunas precauciones y reunió varias compañías de milicias.

Para observar la fuerza federal destinada a cuidar los tabacos, que por diversos avisos se sabía haber órdenes del Presidente de la República para marchar sobre Comayagua, se mandaron cuarenta hombres a las órdenes del Oficial Casimiro Alvarado, que llegó hasta el pueblo de Intibucá, distante treinta leguas de la Villa de los Llanos. Allí supo Alvarado que el Coronel Milla se había puesto en marcha con toda la fuerza.

Para conocer la dirección que traía, hizo marchar al Oficial, ciudadano Francisco Ferrera con diez hombres. En el pueblo de Yamaranguila, distante dos leguas de Intibucá, se encontró Ferrera con la División federal y, para memoria de un hecho heroico, se batió con sólo sus diez soldados, logrando detener por algún tiempo la marcha de toda la División de Milla. Obligado luego a retirarse, como era regular, dio parte a Alvarado de lo que habla ocurrido, el que al instante contramarchó con sus cuarenta hombres, y fue a ponerlo todo en conocimiento del Gobierno, en cumplimiento de su comisión.

Para justificar la marcha del Coronel Milla sobre Comayagua, dice el Presidente Arce en sus Memorias, que fue ocasionada por el acto hostil que recibió este Jefe en Yamaranguila de parte de las milicias del Estado. Pero si se observa que Herrera tenía seiscientos hombres y que podía disponer de todos para dirigirlos sobre Milla, porque no había otro enemigo en el Estado que le llamase la atención: que los cuarenta hombres que mandó en observación a Intibucá, eran pocos para atacar las fuerzas de aquel Jefe, pero bastantes para llenar el objeto a que se les había destinado: que los tabacos, única mira que había traído a Milla con su batallón a Honduras, se hallaban en los Llanos, distante sesenta leguas de Comayagua, veintiocho del pueblo de Yamaranguila donde le encontró la descubierta de diez hombres del Oficial Ferrera; y treinta del pueblo de Intibucá, en donde se hallaba igual número de soldados en observación, a que pertenecían los de Ferrera; se vendrá en conocimiento de que no hubo ninguna clase de provocación de parte del Gobierno del Estado que, en uso de las facultades que le daban las leyes, bien pudo dirigir las milicias a cualquiera de los pueblos del mismo Estado.

Si todos estos hechos comprueban que el Presidente Arce fue el primer agresor en la guerra de Honduras, sin ninguna provocación por parte de sus autoridades, la nota reservada que dirigió al Coronel Milla, fechada el 7 de marzo en el cuartel general de Apopa, y firmada por su Jefe de Estado Mayor, el Coronel ciudadano Manuel Montúfar, en que le previene sustancialmente: que ponga término a los males que causa el Jefe Herrera en Honduras, haciendo uso de las armas, y que proteja a los que este persiga, pone en un punto de vista más claro aquel hecho: descubre los únicos culpables de la guerra, y justifica la resistencia que los hondureños hicimos con las armas.

El hecho que acabo de referir tiene dos testigos de toda excepción. El ciudadano general Francisco Ferrera, actualmente Jefe del Estado de Honduras, que fue el Oficial que atacó a Milla en Yamaranguila, y el Teniente Coronel Casimiro Alvarado, que mandaba la fuerza de observación.

Ambos existen hoy en Honduras y a la cualidad de contarse ellos en el número de mis enemigos, reúnen las demás circunstancias que deben tener los testigos que he ofrecido.

Después de publicado este documento creo que el ciudadano Coronel Manuel Montúfar no podrá desmentir (como lo hizo en sus Memorias de Jalapa) el hecho a que se refiere; ni el ciudadano Manuel José Arce se resistirá a confesar (como se ve en sus Memorias de México) la responsabilidad que tiene por los males que ocasionara a Honduras.

Tampoco se atreverá a negarlo el Coronel Milla, que no querrá pasar por un militar desobediente, y lo que es peor, por un hijo ingrato que llevó injustamente la guerra a su patria para castigar agravios que no había recibido de sus conciudadanos, y en recompensa de los votos que estos le dieran para Vicejefe de aquel Estado. Milla sin encontrar en el camino ninguna resistencia llegó a la ciudad de Comayagua el 4 de abril, y estableció su cuartel general en la Iglesia de San Sebastián.

Unas trincheras mal construidas, y un Jefe militar traidor, eran dos obstáculos de fácil acceso para los sitiadores, si la vigilancia de los soldados patriotas no hubiera hecho impotentes por largo tiempo las maquinaciones de la intriga, así como los diversos ataques que se dieran a la plaza. Estos no tuvieron otro resultado que el saqueo de toda la ciudad que se hallaba fuera de trincheras, y el inútil incendio de sus mejores edificios con que se vengara la cobardía, ofendida de la tenaz resistencia que le opusiera el valor de un puñado de soldados hondureños y leoneses.

En tanto que tenían lugar estos sucesos, la fuerza enemiga se aumentaba en razón que se disminuía la de la plaza. Los víveres faltaban ya en ésta; y muchas veces era mayor la sangre que se derramaba, que el agua que se tomaba en el río defendido por los contrarios.

La esperanza de un pronto auxilio hacía, sin embargo, sufrir estos males con resignación; pero esta desapareció muy luego. Cuando se supo en la plaza que la tropa auxiliar se había disuelto en la Hacienda de la Maradiaga, después de haber rechazado la División que la atacara al mando del Teniente Coronel Hernández, el desaliento se apoderó del ánimo de los cobardes.

La perfidia del Comandante tuvo en ellos un apoyo, y la plaza se rindió el 9 de mayo de 1828 por una capitulación en que todo lo sacrificaba el traidor, por la conservación de su empleo, al jefe que no había podido lograr ninguna ventaja sobre los sitiados. Y para que nada faltase a este documento vergonzoso, la firmeza con que había el jefe Herrera rechazado las proposiciones de rendirse que se le hicieran, fue castigada dejándolo a merced del vencedor como prisionero de guerra.

El Presidente de la República que pocos meses antes, queriendo acreditar su respeto a la ley, puso al Jefe del Estado de Guatemala, en el término de tres días a disposición de la Asamblea que debiera juzgarlo, hizo conducir a Herrera preso a la capital de la República, ciento sesenta leguas distante de la ciudad de Comayagua, a donde debiera reunirse la Legislatura para conocer de su caso, si aquel Magistrado hubiera tenido esta vez el deseo de ser un religioso observando de la Constitución. Pero se olvidó entonces de ella por no convenir a sus dobles miras de humillar al Jefe Herrera, dándole por prisión en mucho tiempo la misma casa que él habitaba, y de acreditar à sus contrarios el desprecio que hacía de las leyes.

Cuando un funcionario público trata de encubrir con las formas judiciales la satisfacción de sus personales agravios, aún existe la esperanza de que vuelva al sendero de la ley: pero cuando el descaro se asocia a la venganza, la esperanza desaparece, porque entonces el espíritu de Sila obra en la voluntad del gobernante.

Aun cuando el Presidente Arce no hubiera expresado sus opiniones contra estas mismas leyes antes de posesionarse del Ejecutivo Federal, ni se apoyara después en el partido que apetecía un cambio de Gobierno, eran muy repetidas las infracciones para que no fuesen voluntarias, y vitales los golpes que dirigiera al sistema, para que no envolviesen la dañada intención de destruirlo.

Él supo anular la resistencia que le opusiera el Senado, influyendo para que dos senadores amigos suyos se negasen a concurrir a las sesiones para que se disolviese el cuerpo por falta de número.

Él logró que varios Diputados, también amigos suyos, no concurriesen a las sesiones extraordinarias del Congreso, en donde debía exigírsele la responsabilidad con arreglo a la ley, por no haber acreditado en las sesiones ordinarias la justa inversión de los caudales públicos entre otros motivos no menos poderosos.

Él, en tanto que anulaba de este modo la representación nacional, se erigía en Juez de los que tenían derecho para juzgarlo, usaba de facultades que ni esta misma representación nacional había obtenido del pueblo, y convocaba, a su manera, la reunión de un Congreso extraordinario.

Él, arrogándose las atribuciones del Congreso, interpretaba la ley según sus miras, y reducía a prisión al Jefe de Guatemala en concepto de ser súbdito sayo. En este propio concepto ordenaba al Vicejefe que sucediese a aquel en el Gobierno, que desarmara las milicias del mismo Estado, y que tomase a su servicio las fuerzas federales.

El nombraba comandantes locales en el centro de los Estados, como lo hizo en la ciudad de Tegucigalpa. El daba órdenes al coronel Milla para que hiciese la guerra al Jefe del Estado de Honduras.

Él, en fin, jugaba de este modo con las leyes y se burlaba del pueblo que le confiara su ejecución.

Al recordar la conducta que observó el Presidente Arce en el Gobierno, no ha cabido en mí el mezquino deseo de herir su amor propio, ni la innoble mira que dirigiera su pluma al escribir las Memorias que publicó en México.

La mía tiene un objeto más honroso y justo. Acreditar con todos estos hechos "que fue legal la resistencia que opusieron los Gobiernos de los Estados al Presidente de la República, y necesaria la guerra que llevaron los pueblos a la capital de la misma República"; esto es lo único que me he propuesto probar, y creo haberlo conseguido.

Ahora trataré únicamente de mis hechos como funcionario público. Pero como no pretendo escribir mi apología, sólo citaré en mi defensa, como lo he ofrecido al principio, aquellos de que se haya hablado con injusticia, o que convengan a mi propia justificación.

Como uno de los jefes de la fuerza que se disolvió en la Maradiaga, marché en busca del auxilio que mandaba el Vicejefe del Estado del Salvador. Pero este auxilio que llegó a Tegucigalpa después de haberse rendido la plaza de Comayagua, era tan pequeño que tuvo que retirarse hacia el Estado de Nicaragua. Los Coroneles Díaz, Márquez, Gutiérrez y yo, buscamos en él nuestra seguridad, y acompañamos al jefe que lo mandaba.

Un incidente desagradable, que podía comprometer nuestro honor, nos obligó a separarnos de él en la Villa de Choluteca, y a pedir garantías al Coronel Milla para permanecer en Honduras. Nuestros deseos fueron satisfechos por este jefe, mandándonos el pasaporte con el mismo correo que condujo la solicitud.

Al instante marché con dirección al pueblo de Ojojona para disfrutar en unión de mi familia de la gracia que se me concediera. Por un presentimiento, que jamás cupo en la confianza que me inspiraba la palabra de Milla, dichos jefes no corrieron la suerte que se nos aguardaba en aquel pueblo, y yo, víctima de mi credulidad, conocí aunque tarde, lo poco que debe confiarse en los que defienden una mala causa.

Diez horas después de haber llegado al pueblo que había señalado mi residencia, fui reducido a prisión por el Teniente Salvador Landaverri de orden del Mayor Anguiano, Comandante local de Tegucigalpa, y conducido a aquella ciudad. A pesar de haber presentado a este jefe mi pasaporte, me hizo poner en la cárcel pública.

La seguridad de que en semejante atentado no tuviera parte el Coronel Milla, me hizo dirigirle una exposición en que le expresaba con bastante energía los males que me ocasionaban sus ofrecimientos.

La contestación de este jefe me dio a conocer el lazo que había tendido a mi confianza, y sólo procuré entonces los medios de evadirme de la cárcel.

Después de haber sufrido veintitrés días una estrecha y penosa prisión, pude burlar la vigilancia de mis carceleros, y retirarme a la ciudad de San Miguel. De allí pasé a la de León en busca de auxilios para volver sobre Honduras.

En mi tránsito por el puerto de la Unión, hablé por la primera vez con el ciudadano Mariano Vidaurre, que como Comisionado del Gobierno del Estado del Salvador, pasaba al de Nicaragua con el objeto de procurar un avenimiento entre el Jefe y Vicejefe de aquel Estado, que mutuamente se hacían la guerra. Vidaurre se interesó mucho para que se me auxiliase por este último.

Entre tanto, el Coronel Ordóñez, que llegó preso a León, pudo formar una revolución contra el Vicejefe Argüello, que tuvo por resultado la deposición de este funcionario, y el auxilio que se me dio de los militares que le eran más adictos.

Ciento treinta y cinco, entre jefes y oficiales, componían mi pequeña fuerza. Su fidelidad al Gobierno a que habían pertenecido me inspiraba la mayor seguridad, y la fundada esperanza de reunir los descontentos hondureños, que produjeron las persecuciones de Milla y sus agentes, ponían de nuestra parte todas las probabilidades del triunfo.

En la Villa de Choluteca, con el auxilio que mandó el Gobierno del Salvador, pude organizar una considerable División, y en el campo de la Trinidad, acreditar a los hondureños que era llegada la hora de romper sus cadenas. Milla fue allí completamente batido, dejando en nuestro poder los elementos de guerra, que había acumulado, y la correspondencia oficial de que ya he hecho mérito. La vanguardia sola consiguió este triunfo, en el que se distinguieron los Coroneles Pacheco, Valladares y Díaz. A los de igual clase, Márquez, que había quedado malo en Pespire, Gutiérrez, que en unión de Usejo y el Capitán Ferrera conducía la retaguardia, no les fue posible encontrarse en la acción.

Libres ya los pueblos de Honduras de sus enemigos, me dediqué a la reorganización del Estado. El Consejo se reunió en la ciudad de Comayagua, y me encargó del Ejecutivo con arreglo a la ley, en concepto de Consejero, por la falta de Jefe y Vicejefe del Estado.

Luego que el Presidente de la República tuvo conocimiento de estos sucesos, hizo marchar al Coronel Domínguez sobre Honduras. Yo tuve entonces que separarme del Gobierno para tomar el mando de la fuerza, y establecí mi cuartel general en el pueblo de Texiguat. Domínguez hizo una ligera incursión por los pueblos de la costa, y regresó a San Miguel, sin haberse atrevido a atacarme.

Por este tiempo, el General Merino, después de haber estado al servicio del Gobierno del Salvador, se embarcó en Acajutla para retirarse a Guayaquil, de donde era natural. Habiendo tocado el buque que lo conducía en el puerto de La Unión, fue capturado a bordo por el Coronel Domínguez, que ocupaba el departamento de San Miguel con fuerzas federales, sin respetar la bandera chilena, ni atender à los reclamos que le hiciera el Capitán.

A Merino no debía tratársele como prisionero de guerra, porque no se le tomaba con las armas en la mano: no era ya un soldado, porque se había separado del teatro de la guerra: no podía considerársele como enemigo, porque no tenía la intención de ofender, puesto que se retiraba a su patria; ni siquiera pisaba ya el territorio de la República, y se hallaba bajo la protección de una nación amiga. No había, pues, ni un pretexto para reducirlo a prisión, y menos para fusilarlo pocos días después en la ciudad de San Miguel, faltando al derecho sagrado de la guerra, y a los principios establecidos aun en los pueblos menos civilizados.

Este asesinato sin ninguna mira política: esta víctima sacrificada a la venganza ajena, cerró todos los medios de conciliación entre Dominguez y yo, rompiendo la correspondencia que habíamos establecido con este objeto: presagió la suerte que correríamos los que fuésemos prisioneros de semejantes enemigos; y acabó de uniformar la opinión pública.

En pocos días conseguimos organizar una fuerza compuesta de hondureños y nicaragüenses, que aunque muy inferior en número a la de Domínguez, se componía en su mayor parte de soldados voluntarios y decididos a morir en defensa de su patria; pero carecía de recursos pecuniarios.

El que conozca que las rentas del Estado de Honduras nunca han bastado a cubrir su lista civil; y que haya sido, entonces, testigo de las grandes sumas que exigiera Milla a los pueblos, para sostener tanto tiempo su División, solo persuadirá fácilmente de las escaseces que sufría la que estaba a mis órdenes. Marchaba sin ninguna caja militar, y el prest que se daba a la tropa, era necesario exigirlo en los pueblos del tránsito.

Las dificultades que naturalmente se presentaban para esto, producían mil privaciones en el soldado, que se agravaban con lo malo del clima y el rigor del otoño, abundante en lluvias aquel año. Su número se disminuía, de consiguiente, en términos que, apenas llegaron a las inmediaciones de San Miguel las dos terceras partes de los soldados reunidos en Choluteca. En tanto que el Coronel Domínguez abundaba en recursos y tenía a sus órdenes una numerosa tropa veterana que había triunfado varias veces de sus enemigos.

La esperanza del auxilio que me había ofrecido el Gobierno del Estado de El Salvador, para engrosar mi pequeña División, me obligó a colocarla en el pueblo de Lolotique, fuerte por su localidad, y por su posición aparente para proteger la llegada de los salvadoreños. El Coronel Dominguez con todas sus fuerzas vino a situarse a distancia de una legua, en el pueblo de Chinameca.

Hizo varias tentativas para forzar las guardias avanzadas colocadas en los desfiladeros que conducían a la altura que yo había ocupado; y aunque siempre fue rechazado con pérdidas, logró sin embargo, ver desplegarse la fuerza, y se enteró de su número. La confianza que le inspiró este conocimiento la acreditaron sus hechos posteriores. Domínguez pudo muy bien contar nuestros soldados; pero pronto conoció, por una costosa experiencia, que no es dado calcular, a un jefe mercenario, el valor de hombres que defienden su patria y sus hogares.

Once días se pasaron sin ocurrir nada notable entre las dos fuerzas. Al duodécimo recibí una comunicación del Teniente-Coronel Ramírez, jefe de la tropa auxiliar tanto tiempo esperada. Me aseguraba que al siguiente día pasaría con alguna dificultad el Lempa, por falta de barcas.

La facilidad con que el enemigo podía descubrir la aproximación de aquel jefe, y destruir su pequeña fuerza, me decidió a protegerlo. A las 12 de la noche emprendí mi marcha con este objeto; pero la lluvia no me permitió doblar la jornada y me vi obligado a aguardar en la hacienda de Gualcho, que mejorase el tiempo. Entre tanto, Domínguez que había sabido mi movimiento y marchaba por mi izquierda, detenido también por la lluvia, fue igualmente obligado a situarse a una legua distante de aquella hacienda, sin que se hubiera podido descubrir su movimiento hasta entonces.

A las tres de la mañana que el agua cesó, hice colocar dos compañías de cazadores en la altura que domina la hacienda, hacia la izquierda, en razón de ser el único lugar por donde podía presentarse el enemigo. A las 5 supe la posición que este ocupaba, y pocos minutos después, el jefe de una partida de observación aseguró que se hallaba a tiro de cañón de las dos compañías de cazadores.

No podía ya retroceder en estas circunstancias, porque una retirada con tropas que no son veteranas, tiene peores consecuencias que una derrota, sin la gloria de haber peleado con honor. No era ya posible continuar mi marcha, sin grave peligro, por una inmensa llanura, y a presencia misma de los contrarios. Menos podía defenderme en la hacienda, colocada bajo una altura de más de 200 pies, que en forma de semicírculo, domina a tiro de pistola el principal edificio, cortado, por el extremo opuesto, con un río inaccesible, que le sirve de foso. Fue, pues, necesario aceptar la batalla con todas las ventajas que había alcanzado el enemigo, colocado ya en actitud de batirse a tiro de fusil de nuestros cazadores.

Conociendo el tiempo que había de gastar la División en salvar la altura, que se hallaba entre el campo y la hacienda, hice avanzar a los cazadores sobre el enemigo, para detener su movimiento, el que conociendo lo crítico de mi posición, marchaba contra estos a paso de ataque.

Entre tanto subía la fuerza por una senda pendiente y estrecha, se rompió el fuego, a medio tiro de fusil, que luego se hizo general. Pero ciento setenta y cinco soldados bisoños hicieron impotentes por un cuarto de hora los repetidos ataques de todo el grueso del enemigo. Este, obligado por instinto, a tributar el respeto que se debe al valor, no se atrevió a hollar la línea de cadáveres a que quedó reducido el pequeño campo que ocupaban los cazadores, para detener la marcha de la División que volaba en su auxilio.

El entusiasmo que produjo entre todos los soldados el heroísmo de estos valientes hondureños, excedió al número de los contrarios. Cuando la acción se hizo general por ambas partes, fue obligada a retroceder nuestra ala derecha, y ocupada la artillería ligera que la apoyaba; pero la reserva, obrando entonces por aquel lado, restableció nuestra línea, recobró la artillería y decidió la acción, arrollando parte del centro, y todo el flanco izquierdo que arrastraron en su fuga al resto del enemigo, dispersándose después en la llanura.

Entre los muchos prisioneros que se hicieron, se encontraron algunos vecinos del departamento de San Miguel, que vinieron en gran número a ser testigos de nuestra derrota. Tal era la seguridad que tenían en la táctica, en la disciplina y en el número de nuestros contrarios. Los salvadoreños auxiliares, que abreviaron su marcha, al ruido de la acción, con el deseo de tomar parte en ella, llegaron a tiempo de perseguir a los dispersos.

Cediendo a un sentimiento de justicia, he descendido a pormenores, que no a todos podrán ser agradables; pero ofrezco omitir en adelante, los que pertenecen a los sucesos ocurridos hasta la conclusión de la guerra. Mi deseo ha sido el de honrar la memoria de los patriotas hondureños y nicaragüenses que pelearon aquel día, cuyo valor se ha querido poner en duda, porque no han sido tan afortunados otras veces.

Es el de fijar los hechos que tuvieron lugar en aquella jornada, desfigurados después por la malicia o la ignorancia. Es el de dar a conocer la importancia que merece este hecho de armas. Si él fue en sí, bien pequeño, produjo, sin embargo, los mejores resultados, porque economizó la sangre que inútilmente se derramara por tanto tiempo en las trincheras de El Salvador, facilitando la rendición de Mejicanos, y abrevió el desenlace de la revolución de 1828. Revolución que tan abundante, como después, fue en acciones de guerra ganadas por nuestros soldados, todas ellas se deben considerar como una consecuencia de este triunfo.

De Gualcho me dirigí a la ciudad de San Miguel, en busca de recursos, para pagar sus haberes atrasados a los soldados, vestirlos y darles la gratificación, de un mes de sueldo, que se les había ofrecido.

En el camino se me presentó una comisión de los principales vecinos de aquella ciudad, para suplicarme fuese a proteger las propiedades, que a pretexto de pertenecer a los enemigos del Gobierno, eran amenazadas por un puñado de malvados. Pude llegar a tiempo de evitar el saqueo de muchas casas, aunque ya éstos habían tomado de la de Barriere algunos objetos de comercio.

En uso de la facultad que me había concedido el Gobierno del Estado de El Salvador, mandé exigir un empréstito forzoso de dieciséis mil pesos. Este se distribuyó en un pequeño número de propietarios que más servicios habían prestado al enemigo.

La noticia que se difundió en la ciudad de que el General Arzú había salido para atacarme, del cuartel general de Mejicanos, produjo una fuerte resistencia en algunos prestamistas, que se negaron a pagar bajo diversos pretextos su contingente.

Cuando se confirmó la noticia que el enemigo se aproximaba al Lempa, expedí una orden para que el que no quisiese prestar sus servicios como propietario, se le obligara a hacerlos como soldado, presentándose en el cuartel de cazadores. Todos pagaron a esta intimación; sólo el ciudadano Juan Pérez, primer propietario del departamento, quiso tomar las armas. Pero pocas horas después de hallarse sufriendo en el cuartel todos los castigos y privaciones de un soldado recluta, entregó los cinco mil pesos que le fueron asignados, y volvió a su casa.

La cantidad recaudada fue distribuida a los soldados en medio de la plaza, a presencia de los jueces municipales, de los ciudadanos Gregorio Ávila, que contribuyó con el género suficiente para dos mil vestuarios, Pedro Gotay y otros muchos de los principales de aquella ciudad, que aún existen hoy en ella, para comprobar esta verdad.

Como este fue el último empréstito, y el único de alguna consideración que yo asigné hasta la conclusión de la guerra, y como algunos han exagerado a un valor y tratado de tiránicas las medidas que se tomaron para realizarlo, no me ha sido posible pasar en silencio estos pormenores.

Si hubo alguna severidad contra Pérez, fue provocada por su misma resistencia: lo exigía, además, el orden público, amenazado por los soldados leoneses, cansados ya de sufrir escaseces y de esperar el día que éstas cesasen, tantas veces prometido; y lo demandaba imperiosamente la necesidad de marchar a disputar el paso del lempa al enemigo.

El único atentado que yo supiese y pudiese remediar, fue cometido por el Capitán Cervantes, que arrancara del cuello a una señora prestamista su cadena de oro, y por el cual fue sentenciado a la pena de muerte y fusilado en la plaza del Salvador.

Los soldados leoneses, que no pertenecían a ningún Gobierno, y que voluntariamente se habían puesto a mis órdenes, expresaron de diversos modos sus deseos de regresar a Nicaragua. Al Coronel Valladares, que se propuso evitarlo, lo amenazaron haciendo uso de sus armas, y yo sólo pude lograr que sesenta soldados continuasen en el servicio.

Entre tanto, el General Arzú llegó al Lempa con una fuerte División. Al momento marché a evitarle el paso de esto río, y lo habría conseguido, si el Teniente Coronel José del Rosario López Plata no hubiera descuidado el punto por donde logró aquel desembarcar.

Disminuida mi fuerza por la defección de los leoneses, tuve retirarme a Honduras para organizarla. El enemigo, que marchaba a mi retaguardia, llegó hasta la ciudad de Nacaome, y no atreviéndose a perseguirme por el camino de la sierra, que había ya fortificado, regresó a San Miguel. En pocos días pude aumentar la División en la ciudad de Tegucigalpa, y volví con ella sobre la misma ciudad de San Miguel.

El General Arzú ocupaba entonces dicha ciudad, que por una marcha forzada amenacé atacar. Como aquel no quería comprometer una acción, se retiró por la villa de Usulután, para atravesar después el llano de la Pava, y tomar el camino del departamento de Gracias, con el objeto de pasar a Guatemala.

Yo, que calculaba esta retirada, me coloqué por un movimiento de flanco en aquel llano, al tiempo mismo que la vanguardia enemiga tomaba posición en la margen izquierda de un arroyo profundo. Era su mira disputarnos este paso, para poder evitar la ocupación de la hacienda de San Antonio, en la que comienza a elevarse la sierra por donde había pensado retirarse. Pero fue arrollada y arrojada hacia el llano, en donde estaba formada su retaguardia, dejando en nuestro poder un cañón. La hacienda fue en seguida ocupada por nosotros, y los contrarios pasaron la noche deliberando.

Al amanecer se me aseguró que deseaban capitular. Al efecto, hablé con el Teniente Coronel C. Antonio Aycinena, que había sucedido en el mando al General Arzú. Me ofreció aquel jefe entregar las armas, y quedar prisionero con sus principales soldados; pero no a disposición del Gobierno del Estado de El Salvador. La capitulación que redacté fue firmada inmediatamente, y con sorpresa vieron los enemigos, que cuando ellos habían convenido ya en ser mis prisioneros de guerra, se les dejaba en libertad para volver a Guatemala, suministrándoles, además, el dinero necesario para el préstamo del soldado, y concediéndoles, por una gracia, todo lo que solicitaron.

Aunque nunca me arrepentí de haber observado esta conducta, pocos días después tuve el disgusto de saber que el enemigo saqueaba los pueblos del tránsito, y había cometido un asesinato, en pago de la generosidad con que se le trató, violando así la capitulación que se acababa de firmar, en la que se había consignado un artículo a la seguridad de estos mismos pueblos.

Un jefe militar del Estado del Salvador, que con dos compañías ocupaba Ocotepeque, por donde aquellos debieran pasar, recibió de los pueblos iguales quejas, y redujo a algunos oficiales a prisión, por orden de su Gobierno, a quien yo había dado conocimiento de aquellos hechos.

Aunque siempre he creído que el jefe Aycinena no los mandó ejecutar, él es, sin embargo, único responsable de ellos, por haber abandonado a la tropa a su propia suerte, forzando sus marchas para llegar pronto a Guatemala con todos sus jefes y oficiales allegados.

La fortuna, que jamás protege a los que huyen de los peligros de guerra para poder disfrutar de las ventajas del triunfo, castigó a los que sitiaban la plaza del Salvador, haciéndoles, por nueva capitulación, prisioneros de los sitiados, y premiando de este modo, el valor con que estos defendieran por tanto tiempo su patria y sus hogares.

Este desenlace se debió a la constancia con que el pueblo salvadoreño, sin armas y sin jefes, sostuvo el sitio por largo tiempo: al patriotismo y generosidad de las mujeres del pueblo, que alentaban al soldado con su valor y lo alimentaban con el trabajo de sus manos: la firmeza con que el Gobierno se negó siempre a admitir las proposiciones desventajosas, que le hiciera el enemigo para rendirse; y al General Juan Prem, que disciplinó algunas compañías, y colocándose con ellas a la retaguardia del enemigo, le interceptaba los convoyes y aprisionaba las reclutas que venían de Guatemala, batía las fuerzas, que sallan del cuartel general de los sitiadores en busca de víveres, y alentando con todos estos hechos al pueblo, hizo a los soldados concebir esperanzas de un próximo triunfo y creer al Coronel Montúfar, jefe del ejército sitiador, que se hallaba sitiado, cuando dijo en uno de sus escritos que no puede sostenerse por mucho tiempo plaza que no es socorrida, y menos cuando la atacan enemigos muchos y porfiados.

De la hacienda de San Antonio me dirigí a la ciudad de El Salvador. Pasé en seguida a la villa de Ahuachapán, para organizar allí el ejército que debía marchar sobre el Estado de Guatemala.

Pocos días después de haber llegado a aquella villa, recibió el jefe político del departamento, C. Juan Manuel Rodríguez, orden del Ministerio, para hacer salir del Estado al Presidente Arce, que despojado ya del Gobierno, existía en la ciudad de Santa Ana, porque su permanencia en ella era perjudicial al orden público.

Una persona afecta al Presidente Arce me suplicó evitase a este jefe el disgusto de ser conducido hasta el río de Paz por una partida de soldados, que tenía ya preparada el jefe político.

No quise perder la ocasión de acreditar a Arce, que había olvidado ya la memoria que hizo de mí, en la lista que dirigió al Coronel Milla, para que en unión de otros, me remitiese preso a Guatemala, a pesar del salvoconducto que me dio este jefe. Con aquel objeto mandé al Coronel Gutiérrez, que comunicase al Presidente la orden del Gobierno, y le expresé mis deseos de evitarle el compromiso en que podía colocarlo su permanencia por más tiempo en Santa Ana.

Pero este hecho lo tuvo Arce por un agravio, según se expresa en sus memorias, aunque yo lo consideraba como un servicio, puesto que le suplicaba lo que podía mandarle con el mismo derecho que él quiso se me conduje preso a Guatemala. Con el mismo derecho, digo, porque él usó de la fuerza para obrar contra mí, no estando autorizado por la ley, y yo podía haber usado también de esta fuerza en justa represalia, cuando me tocaba mi vez.

Luego que el ejército recibió alguna disciplina, marché sobre la ciudad de Guatemala, y di orden al general Prem, que obraba ya en el departamento de Chiquimula con una División, que ocupare la hacienda de Aceituno, distante una legua de aquella ciudad, el mismo día que yo debía situarme a dos leguas de ella, en el pueblo de Pinula. Mi orden fue cumplida por el Coronel Henrique Terrelong, que había sucedido en el mando a aquel Jefe, que permanecía enfermo en Chiquimula.

En la hacienda de Corral de Piedra se nos unió un escuadrón de patriotas antigüeños, al mando del General Isidoro Saget, que fue de mucha utilidad en la campaña.

En Pinula supe que la fuerza del Estado se había concentrado toda en la ciudad.

Para evitar la introducción de víveres y agua en la plaza, mandé situar una División en el Pueblo de Mixco, al mando del Coronel Cerda, con orden de fortificarse inmediatamente. Pero este Jefe, a quien sólo conocía por la buena recomendación que de él se me había hecho, se confió en un valor de que carecía. Ni quiso fortificarse, ni tuvo la presencia de ánimo y arrojo que se necesita para defender un puesto que es sorprendido por el enemigo.

Cerda acreditó, con esta derrota, su ineptitud y cobardía, y el enemigo su crueldad con el asesinato de los vencidos. En lugar de marchar inmediatamente sobre el cuartel general de Pinula, aprovechándose de mi permanencia en la Antigua Guatemala, a donde había ido con el fin de organizar un Gobierno provisional, volvió a entrarse a sus trincheras, y yo regresé a Pinula.

Al día siguiente concentré todas las fuerzas en este pueblo, y marché con ellas a la Antigua Guatemala para reponer las bajas al nuevo Gobierno. El General Nicolás Rauol, antiguo veterano del ejército de Napoleón, que hoy ocupa un lugar distinguido en el ejército francés, entró al servicio en concepto de Jefe de Estado Mayor.

A la experiencia y conocimientos militares de este jefe (el más instruido que ha venido a Centro América) de los que siempre he hecho uso en lo que ha estado a mi alcance, debo en gran parte no haber sido nunca sorprendido, ni sufrido jamás una derrota, en trece años de guerra casi continua, provocada por los desafectos a la República.

El enemigo, envalentonado con el triunfo de Mixco, salió por segunda vez de sus trincheras para atacarme en aquella ciudad.

Yo marché inmediatamente a ese encuentro; pero las noticias de los espías me persuadieron de que no lo encontraría en el camino que yo llevaba. Me regresé, por esto, a la ciudad, dejando a las órdenes del Coronel Terrelong un batallón y un escuadrón para que explorase el campo.

En San Miguelito, una legua distante de la ciudad, se encontró este jefe con el enemigo, y se batió con tal ardor, que la infantería que había sido rodeada por aquel, y se defendía a la bayoneta, de tal modo se confundió con los contrarios, que se le consideraba ya muerta y prisionera.

En este momento, usando de su arrojo acostumbrado, el Teniente Coronel Corzo, Comandante del escuadrón, cargó con cuarenta dragones sobre el enemigo, con tan buen éxito, que llegó a tiempo de salvar nuestra infantería, que todavía peleaba sin quererse rendir. Aquel retrocedió asombrado, y una segunda carga completó su derrota.

Cuando recibí el parte de que el Coronel Terrelong se hallaba al frente del enemigo, marché con el resto del ejército. Las descargas seguidas que se oían en el camino me acreditaban que aquel jefe se había comprometido en una acción con tan poca tropa; pero todos mis esfuerzos por tener parte en ella fueron inútiles.

Sólo llegué al campo de batalla para premiar el valor, socorrer a los heridos y proteger a los prisioneros. Perseguí los restos del enemigo hasta Sumpango, y pasé al día siguiente al pueblo de Mixco en donde permanecí algún tiempo.

Allí se me manifestaron, por medio del ciudadano J. Antonio Alvarado, los deseos que tenía de mediar en nuestras desavenencias el Ministro de los Países Bajos, y de tener, a este fin, una conferencia conmigo. Esta tuvo lugar, a los pocos días, en la hacienda de Castañaza, aunque sin ningún resultado por entonces.

De Mixco marché a situarme a la hacienda de Aceituno. Antes de llegar a la de Las Charcas, se me aseguró que el enemigo se aproximaba a la misma hacienda. Cuando llegué a ella, observé que venía en marcha, a distancia de un cuarto de legua.

Entonces conocí que quería aprovechar, para atacarme, el momento en que se había disminuido el ejército con la marcha de la primera División sobre el departamento de Los Altos, al mando del Teniente Coronel Jonama, con el objeto de perseguir una fuerza enemiga que obraba sobre aquellos pueblos a las órdenes del Coronel Irisarri.

Al momento formé la fuerza para aguardar al enemigo que, en triple número, se presentaba en la llanura. Todo el valle se veía cubierto de caballería, que se aumentaba a la vista con una multitud de espectadores. Esta caballería se formó fuera de los tiros de nuestra artillería ligera. El de fusil no alcanzaba al grueso de la infantería. Sólo una parte de ésta, en número de 500 soldados, se aproximó, formada en batalla, a menor distancia, y rompió el fuego al mismo tiempo que la guerrillas de cazadores que hizo desplegar. Los nuestros lo contestaron a pie firme.

Cansado de aguardar a que se aproximara el resto de la infantería y toda la caballería enemiga, que continuaba guardando la distancia en que se había colocado al principio, hice marchar dos compañías de cazadores por el flanco derecho y tirar algunas bombas.

Estas causaron mucho estrago en la caballería y, a las primeras descargas que aquéllas hicieran, avanzando siempre sobre el enemigo que peleaba, éste huyó, y el resto siguió en ejemplo sin haber hecho un solo tiro. La caballería lo imitó, volviendo caras, y la nuestra, aunque en pequeño número, cargó sobre esta confusa masa de hombres, que huían haciendo un terrible estrago en todo el valle y centenares de prisioneros.

Los que no lo fueron entraron en la plaza en gran desorden; y no hice un esfuerzo para ocuparla aquel día, por aguardar que se me incorporase la División que obraba en Los Altos.

Al siguiente día marché de la hacienda de Las Charcas a la de Aceituno, en donde permanecí hasta la llegada de la tropa que se hallaba en Quezaltenango, de la que se reorganizaba en la Antigua Guatemala, y reclutaba en el Estado de El Salvador.

Pocos días después me dio parte el Coronel Jonama de haberse echado el pueblo del Barrio sobre los enemigos y entregándole prisioneros a los principales jefes. Pero, a esta noticia que no podía ser más satisfactoria, añadía otras sumamente desagradables. Me aseguraba que el Teniente Coronel Menéndez había sublevado contra él la División, a pretexto de obrar de acuerdo con los enemigos, por el buen trato que diera, en cumplimiento de mis instrucciones, al Coronel Irisarri y demás prisioneros: y que la viruela maligna, que había comenzado a propagarse en los soldados, le obligaba a regresar al cuartel general.

Temiendo que muy pronto cundiese esta epidemia en todo el ejército, tomé varias precauciones para evitarlo, aunque no quedé satisfecho por no haber encontrado la vacuna.

Con la mediación del Ministro de los Países Bajos, de que ya he hablado, se reunieron en el sitio de Ballesteros, para tratar de la paz, los ciudadanos Arbeu, por el Vicepresidente de la República y Pavón por el Gobierno del Estado de Guatemala, el General Espinosa por el de El Salvador, y yo, por los de Honduras y Nicaragua. Las proposiciones que por una y otra parte se hicieron fueron desechadas, y los comisionados se retiraron.

Pero mis deseos de una transacción eran tan vivos, como fundados los temores que tenía de que se disolviese el ejército por la epidemia de viruelas. Volví, por esto, a excitar al General Vérver, Ministro de los Países Bajos, para una nueva conferencia, a la que concurrieron los mismos comisionados. El General Espinosa y yo les presentamos la proposición siguiente:

1º. Que se estableciera un Gobierno provisorio en el Estado de Guatemala, compuesto del mismo jefe C. Mariano Aycinena, del C. Mariano Prado y yo.

2°. Que los dos ejércitos debían reducirse al número de mil hombres, y componerse, en iguales partes, de salvadoreños y guatemaltecos.

3°. Que el Gobierno provisorio debía instalarse en Pinula, y entrar después a Guatemala con aquella fuerza, destinada a dar respetabilidad al mismo Gobierno y a mantener el orden en el Estado.

4°. Un olvido general por lo pasado.

Tan satisfecho estaba yo de que sería admitida, sin discutirse, esta proposición, porque conocía la debilidad a que se hallaba reducida la plaza, como grande fue mi admiración al verla desechada.

Si el enemigo ignoraba la causa de tanta generosidad, sabía muy bien que no era acreedor a ella por su conducta observada con los Gobiernos y pueblos de El Salvador y Honduras, en circunstancias menos difíciles para éstos.

Sabían, además, que ni su posición actual, la más desventajosa en que pudo colocarse, ni sus futuras esperanzas, puesto que no aguardaba ningún auxilio, ni la moral de su tropa, conocida ya en la acción de Las Charcas, pudieron hacerle esperar un mejor desenlace.

Pero todavía aparece más ventajosa esta proposición si se compara con las que hicieron a los salvadoreños para que rindiesen la plaza, tan fuerte entonces que, lejos de alcanzar la menor ventaja, concluyeron los sitiadores por rendirse a los sitiados.

Y siempre merecerá el nombre de generosa, por lo que se hizo en la seguridad de que la plaza de Guatemala se rendiría con poca resistencia, como sucedió diez días después, que fue entregada bajo las condiciones que le impusiera el vencedor.

La plaza fue ocupada al siguiente día de la capitulación, y yo me alojé en la casa de Gobierno. Pasados algunos minutos se me presentó el Ministro de Relaciones del Gobierno Federal y me entregó una nota del Vicepresidente de la República, C. Mariano Beltranena, en la que me preguntaba si debería continuar en el ejercicio del Poder Ejecutivo.

Los que recuerden que el Vicepresidente, apoyado en el ejército del Estado de Guatemala, había usurpado el mando al Presidente de la República, burlándose de los repetidos reclamos que éste le hizo para obtenerlo, que era uno de los más poderosos motivos de la guerra que se llevó hasta la Capital de la República, a nombre de la mayoría de los Gobiernos de los Estados que componen la Federación, se persuadirán fácilmente de que mi contestación fue por la negativa.

En el mismo día mandé reducir a prisión al Presidente y Vicepresidente de la República, a los Ministros de éste, de Hacienda y Relaciones, y al Jefe del Estado de Guatemala.

Esta medida ejecutada en cumplimiento de las órdenes que había recibido de los Gobiernos de los Estados, estaba en consonancia con mi opinión, de reducir el número de los presos al menor posible; y tenía también por objeto poner en absoluta incapacidad de obrar a los principales Jefes que habían llevado la guerra a los Estados.

Cuando se exigió, en cumplimiento de la capitulación, la entrega de todos los objetos de guerra, apareció menos, una cantidad considerable de fusiles. La reclamé por medio del señor Manuel Pavón, demostrándole aquella falta con el estado del armamento entregado, y el que se encontró en la comandancia de los enemigos, hecho tres días antes de haberse rendido la plaza.

Pavón me dio una contestación evasiva, y yo le aseguré que si la capitulación no se cumplía por parte de ellos, no me consideraba en la obligación de respetarla por la mía.

Aunque hasta entonces no creía que se obrase de mala fe, vino luego a sacarme de mi error la orden del día mismo en que se ocupó la plaza, autorizada por el Secretario del Gobierno del Estado de Guatemala en concepto de Jefe de Estado Mayor. En ella se permitía salir a los soldados de la plaza, contrariando el artículo 4º de la capitulación, en el que se ofrecía que continuarían en sus cuarteles; para que de este modo pudiese tener efecto el artículo 5º de la misma capitulación.

Muchos de los soldados que salieron en virtud de aquella orden, llevaron sus fusiles, y los excesos que cometieron en algunos pueblos inmediatos, tal vez exagerados por los que querían acreditarse con los vencedores, produjo temores de una reacción en el ánimo de los cobardes, y dio un nuevo y fundado motivo para creer lo poco que respetaban los vencidos sus compromisos.

No habiendo tenido mis reclamos de que se observase la capitulación, ningún resultado favorable, expedí un Decreto, en el que manifestaba los motivos que tenía para no cumplirla por mi parte. El señor Arce ha querido inculparme por este hecho en sus Memorias: en ellas pretende demostrar con los mismos estados que yo cito, el no haber habido ninguna falta de parte de los vencidos. Si en dichos dos estados aparece un número de armamento casi igual, es porque en el uno se comprendieron las armas inútiles que había en el almacén, en tanto que en el otro sólo figuraban los fusiles útiles que se hallaban en manos del ejército enemigo.

Varias pruebas podría aducir para poner en un punto de vista más claro, el hecho a que me refiero, si el tiempo, que todo lo descubre no hubiera venido a justificar la conducta que observó en aquella vez, presentando como una prueba irrefragable el armamento que de las bóvedas de la Catedral de Guatemala sacó Carrera a la vista de todos; el mismo que, en el año de 1829, fue el objeto de mis reclamos, y la causa por que se anuló la capitulación. Mis hechos posteriores acreditan que no tuve otras miras.

Por el artículo 6º de dicha capitulación se garantiza la vida y propiedades de todos los individuos que existían dentro de la plaza. Esta era la única seguridad que se les daba. A nadie se castigó con la pena de muerte, ni se le exigió por mi parte ninguna clase de contribución.

La capitulación fue religiosamente cumplida, aun después de haberse derogado. La obligación cedió entonces su lugar a la generosidad, y no tuvo de qué arrepentirse. Y no se diga que faltaba sangre que vengar, agravios que castigar y reparaciones que exigir. Entre otras muchas víctimas sacrificadas, los Generales Pierzon y Merino fusilados, el uno sin ninguna forma judicial, y arrancado el otro de un buque extranjero para asesinarlo en la ciudad de San Miguel, pedían entonces venganza, así como los incendios y saqueos de los pueblos de El Salvador y Honduras demandaban una justa reparación,

Si el Gobierno de Guatemala señaló, para sostener el ejército, contribuciones forzosas a los propietarios que pertenecían al partido vencido, además de que estaba en sus facultades esta medida, la necesidad de pagar sus haberes al soldado vencedor, lo exigía y la política demandaba no sacar estos fondos de los que nos habían prestado buenos servicios.

Además, la capitulación celebrada, en uso de las facultades que me daban las leyes militares, no podía comprometer del mismo modo al Gobierno del Estado de Guatemala que si se hubiera ajustado el tratado propuesto en Ballesteros, en cumplimiento de las instrucciones que se me habían conferido al efecto.

A pesar de que en mi opinión el número de los presos debía ser el menor posible, como lo había acreditado, reduciéndolo a cinco individuos de los más notables, la de los pueblos, así como la de los Gobiernos de los Estados y la del ejército, era enteramente contraria.

El Gobierno del Estado de El Salvador, por medio de sus comisionados, ciudadanos José María Silva y Nicolás Espinosa, y el de Honduras y Nicaragua, por las exposiciones que se publicaron entonces por la prensa, pedían el castigo de todos los culpables; y yo, que no desconocía la justicia de estos reclamos, y que debía cumplir las órdenes de los jefes que habían depositado en mí su confianza, me vi obligado a reducirlos a prisión.

Pocos días después se comenzó a difundir en la ciudad la noticia que se intentaba......................(*).

(*). Aquí concluyen las Memorias del General Morazán. Tanto en el manuscrito, como en las copias que hemos adquirido para proceder a la edición. Fundadas sospechas nos hacen creer que la segunda época de la vida de aquel valiente e ilustre soldado muy fecunda en acontecimientos, que ocupan la mayor parte de la historia contemporánea del país, ha sido escrita por él mismo en su larga expedición a las Repúblicas del Sur, y perdida u ocultada en la jornada con que terminó su carrera política en San José.

Al menos así lo da a entender su ofrecimiento, de omitir en el discurso de su obra, pormenores que podrían ser desagradables a algunos y que pertenecen a los sucesos ocurridos hasta la conclusión de la guerra.

Mas si es sensible que Centro América quede privada de la continuación de estas Memorias, nadie negará, que con la parte interesante que hoy ve la luz pública, se puede venir en conocimiento del origen de la revolución prolongada hasta nuestros días, y de una reputación literaria apenas conocida de los patriotas centroamericanos, y tenazmente negada por el bando opuesto a los principios y al progreso. Ella abre el juicio de la posteridad para el caudillo de los pueblos que proclamó y sostuvo las libertades públicas, y hace esperar con impaciencia el día que la prensa publique la parte que ahora se ha hecho difícil dar a luz; pues aunque ella fuera perdida, datos hay suficientes para suplirla con toda precisión y claridad. (Nota de los Redactores de "El Rol," en la edición hecha en San Vicente, en 1855.)

CONTENIDO

EN UNA LIBRERÍA ANTIGUA DE PORTUGAL 1

MANERA DE PRÓLOGO 3

ANTECEDENTES HISTÓRICOS 19

EL PROTAGONISTA 27

ÉPOCA DE EMANCIPACIÓN 39

ANEXIÓN Y SEPARACIÓN DE MÉXICO 53

IMPLANTACIÓN Y DESQUICIAMIENTO DE LAS
INSTITUCIONES 63

DOCUMENTOS ALUSIVOS 137

BIBLIOGRAFÍA 149

MEMORIAS DEL GENERAL MORAZÁN 153